Die Städte und Freiheiten Königsberg i. Pr. im Jahre 1806.

(Einwohner, Handel, Gewerbe und Repräsentation.)

Herausgegeben

von

Dr. Hanns Gehrmann.

MÜNCHEN UND LEIPZIG

VERLAG VON DUNCKER & HUMBLOT.

1916.

Einleitung.

Die nicht nur im Mittelalter vielfach hervortretende Tendenz, historisch Gesondertes auch unter veränderten Voraussetzungen getrennt fortbestehen zu lassen, hat in dem Verfassungsleben der Stadt Königsberg i. Pr. bis weit in die Neuzeit hinein fortgewirkt. Noch im 18. Jahrhundert haben die drei Städte Altstadt, Kneiphof und Löbenicht, die in den Tagen des deutschen Ordens und des Herzogtums gelegentlich verschiedene Politik getrieben haben, selbständige von einander getrennte Gemeinwesen gebildet, auch nachdem die wirtschaftliche Zusammengehörigkeit den Zusammenschluss zur Einheit schon lange nahe gelegt hatte. Erst die grosse Reformzeit Friedrich Wilhelms I. schuf hierin Wandel. Sein Streben, die Verwaltungsorgane zu vereinfachen und dadurch billiger zu gestalten, beseitigte mehr als eine städtische Sonderexistenz. Wie Cölln und Berlin seit 1709[1]) auf seine Veranlassung noch zur Regierungszeit des Vaters zu einer Stadt zusammenschmolzen, wie in Memel 1723 die Altstadt mit der Friedrichstadt[2]) zu gemeinsamer Verwaltung sich einte, so wurden nach mehrjährigen Vorbereitungen die drei Städte „Königsberg" im Jahre 1724 zur „Königlich Preussischen Haupt- und Residenzstadt Königsberg" verbunden.

Damit beginnt ein neuer Abschnitt in der Geschichte der Stadt. Die Grundlagen des rathäuslichen Reglements vom 13. Juni 1724[3]) sind über achtzig Jahre massgebend geblieben. Die verfassungs-

---

1) Berlin, Cölln zusammen mit Friedrichs-Werder, der Dorotheenstadt und Friedrichsstadt. Schmoller, das Städtewesen unter Friedrich Wilhelm I. Zeitschr. f. pr. Gesch. u. Landesk. Berlin 1874, Jahrg. 11, S. 520 und Rathäusliches Reglement für Berlin vom 21. 2. 1747, Tit. 1, § 1, abgedr. bei Schmoller, Z. f. pr. Gesch. u. Landesk. Berlin 1875, Jg. 12, S. 425 ff.

2) Sembritzki, Gesch. d. Kgl. Preuss. See- und Handelsstadt Memel. Memel 1900, S. 185 ff.

3) Abgedr. bei Georg Conrad, das rathäusliche Reglement der Stadt Königsberg i. Pr. vom 13. Juni 1724, Königsberg 1910, und bei Schmoller in Zeitschr. f. Preuss. Gesch. u. Landesk., Jg. 12, 362 ff.

geschichtliche Sonderstellung der drei Städte wurde beseitigt und ein gemeinsames Gebiet kommunaler Verwaltung geschaffen, die alle die Teile umfasste, welche zur Stadt im engeren Sinne gehörten: die Altstadt mit der Freiheit Steindamm, Löbenicht und Kneiphof mit den sog. Vorstädten.[1]) Der königliche Anteil, welcher der Disposition der städtischen Behörden entzogen blieb, bestand aus dem Schloss und den 6 Freiheiten.[2]) Jedoch galt das nicht ohne Einschränkung; soweit Magistrat und Gericht als Verwaltungs- und Rechtsorgane in Frage kamen, gab es seit 1724 nur noch eine Stadt. Die nicht zu unterschätzende Trennung der Grossbürgerzünfte und Innungen in den Städten aber blieb teilweise bis zur Reform unter Stein[3]) bestehen. Mit der Neuordnung der Verhältnisse beschränkte Friedrich Wilhelm zugleich die städtische Selbstverwaltung und auch sein grosser Sohn brachte durch das Reglement vom 24. Juni 1783 den Bürgern zum Bewusstsein, dass die Zeiten kommunaler Selbständigkeit für immer dahin wären. Während aber die Könige die Form änderten, blieb der Inhalt unberührt. Die trennenden Schranken bestanden bis zur Städteordnung, freilich mit dem Unterschiede, dass in dem nicht mehr geleugneten Ansturm und Werden einer neuen Zeit die Hindernisse für den einzelnen keineswegs unüberschreitbar waren, für ganze Bürgerklassen es aber blieben. So trat an die Stelle der mittelalterlichen Konsequenz die Ungerechtigkeit.

---

1) Vgl. die Einleitung zum Regl. von 1724 bei Conrad, das rathäusl. Regl. S. 168. Ferner Erläutertes Preussen. Teil II, S. 841—865, Teil III, S. 490—506, Teil IV, S. 9. — Zum Steindamm gehörte noch die Laak, die Lastadie, der Neue Rossgarten, der Alte und der Neue Graben und die Klapperwiese. Zur Altstadt rechnete man die Lomse und die dazu gehörige Holzwiese. Zum Löbenicht gehörte der Anger und ein Teil des Sackheims. Zu den Vorstädten zählte man die Vordere, die Hintere Vorstadt, den Haberberg, den Alten und Nassen Garten. Vgl. dazu F. W. Schubert: Zur 600jährigen Jubelfeier der Stadt Königsberg. Königsberg, 1855, S. 11, 13 u. f.

2) Burgfreiheit, Tragheim, Sackheim, Neue Sorge, Vorder-Rossgarten und der Äussere Rossgarten. Vgl. dazu Conrad in Altpr. Monatsschr. Bd. 24, S. 3; Schubert, 600. Jubelfeier, S. 17 ff.

3) Es ist in den Reglements von 1724 und 1783 von den städtischen Ständen (Rat, Gericht, Grossbürger und Kleinbürger) überhaupt nicht die Rede. Die gegebenen Verhältnisse werden vorausgesetzt und beibehalten. Siehe das rathäusl. Regl. vom 24. 6. 1783, abgedr. bei Seraphim in Altpr. Monatsschr. 1912, Bd. 49; ferner Abschriften: K. St. A. Oberlandesgerichts-Registratur F. 981 (K. 128), K. St. A. Etatsministerium K. 78a. K. Stdt. A. A. 261, Magistratssachen, Patronenamt Nr. 2, Urkundenzugangsverzeichnis, Nr. 519.

A. Die Einwohner der Städte und Freiheiten Königsberg i. Pr.

I. Bevölkerungsstatistik.

Bevor wir die Verfassung der Einwohnerschaft betrachten, sollen einige Tabellen[1]) abgedruckt werden, die einen Überblick der Bevölkerung in Königsberg am Ende des 18. und Beginn des 19. Jahrhunderts geben und einigen Anspruch auf Richtigkeit haben,[2]) da sie aus Akten jener Zeit zusammengestellt sind.

Zur Tabelle I ist zu bemerken, dass die Militärpersonen, Frauen, Kinder und das Gesinde der Garnison nicht mitgerechnet worden sind. Ebenso sind die in den Hospitälern befindlichen Personen und die auf den vor der Stadt gelegenen Huben[3]) wohnenden Bauern dort nicht angeführt. Rechnet man das Militär[4]) mit 4464 aktiven Soldaten, deren Frauen und Kinder und das Gesinde der Garnison mit 4121

---

1) Zwar haben Baczko, Versuch einer Geschichte und Beschreibung Königsbergs. Königsberg 1804, S. 210 ff. und F. G. Leonhardi, Erdbeschreibung der preuss. Monarchie, I. Halle 1791, S. 460 ff., einige Tabellen über die Bevölkerung mitgeteilt, aber teils reichen sie nicht bis 1806, teils sind sie ungenau, da die Schriftsteller sich nur auf Bekanntmachungen und nicht auf Akten stützen.

2) Die Tabellen sind folgenden Aktenstücken entnommen: K. Stdt. A. A. 25, Acta, die Anfertigung des Finanztaschenbuches betreffend, Nr. 21, 23, 24, 27, 28, 29 und A. 247, Bürgersachen Nr. 3. Ferner K. St. A. Oberpräsidial-Registratur. Abt. 4, I, Nr. 109, a. o.

3) Die Huben wurden sehr oft zur Stadt gerechnet, da sie Kämmereigüter waren und unter der Gerichts- und Polizeiverwaltung der Stadt standen. Die Zahl der Hubenbewohner belief sich 1800 auf 423, 1801 auf 499, 1804: 677; 1805: 595; 1806: 655 Seelen. (K. Stdt. A. A. 25, Finanztaschenbücher Nr. 23, 24, 27, 28, 29.)

4) Die Garnison zählte 1805/6: 2926 unverheiratete, 1538 verheiratete Soldaten, 1563 Frauen, 1097 Jungen, 1092 Mädchen, 60 Diener, 92 Knechte und 217 Mägde. In Summa 8585 Personen (A. 25, Finanztaschenbücher Nr. 27). Die Frauen, Kinder und Gesinde der Garnison standen nicht unter der städtischen Jurisdiktion, sondern unter der Militärgerichtsbarkeit.

und die in dem Grossen Hospitale anwesenden Hospitaliten[1]) mit 673 Seelen, die von den Bürgern als nicht zur Stadt gehörig betrachtet wurden, mit, so zählte Königsberg im Jahre 1806: 57 987 Einwohner, mit 655 Hubenbewohnern sogar 58 642.[2]) Beinahe ein Jahrhundert war nötig, um die Seelenzahl von Königsberg, das damals in Preussen die zweite Stelle einnahm, um wenige hundert Einwohner[3]) in die Höhe zu rücken, ganz davon abgesehen, dass zu Zeiten die Kopfzahl vollkommen stagnierte und von 1800 an sogar erschreckend abnahm. Die Gründe dafür waren in einer verstärkten Abwanderung[4]) und vor allem in den die Geburten überwiegenden Sterbefällen zu suchen. Einen geringeren Ersatz bot die Einwanderung,[5]) die zwar nicht erheblich war,[6]) aber stetig sich trotz der Abschliessung der Zünfte und Gewerke zu behaupten wusste. Andauernde Missernten, Einschränken der bürgerlichen Ausgaben und damit verbundene Arbeitslosigkeit, das falsche Verhältnis der Brotpreise zu den von der Behörde fest-

---

1) 1800 waren 861, 1801: 869, 1804: 781, 1805: 723, 1806: 673 Hospitaliten im Grossen Hospital im Löbenicht. Es hatte eigene Jurisdiktion und nahm auch Arme aus dem ganzen Königreich auf. Das St. Georgen-Hospital in der Hinteren Vorstadt stand unter der Gerichtsbarkeit des Magistrats und wurde nur mit Einwohnern Königsbergs besetzt. Vgl. Baczko, Königsberg 1804, S. 134, 173.

2) Die Angabe Leonhardis, Bd. I, S. 460, dass Königsberg im Jahre 1789 schon 55 086 bürgerliche Einwohner hatte, ist unrichtig, es kann damit nur die Zahl der Einwohner einschliesslich der Garnison gemeint sein. Ebenso irrig ist die Bestimmung bei Baczko, Königsberg, 1804, S. 209 ff.

3) 1700 zählt die Stadt 4000 Wohnhäuser. 1780 betrug die Zahl 4308, 1791: 4359 (Leonhardi, Bd. I, S. 459), 1806 schon 4485 (A. 25, Finanztaschenbücher Nr. 29). Dazu kamen noch 600 Speicher (Baczko, Königsberg 1804, S. 102). Um die Baulust zu kennzeichnen, mag folgende Tabelle dienen: 1797 wurden neu gebaut 21 Wohnhäuser,
1798: 14,
1800: 16,
1801: 9,
1803: 27,
1804: 16,
1805: 15,
1806: 8, (A. 25, Finanztaschenbücher Nr. 21—29).

4) K. Stdt. A. A. 25, Finanztaschenbücher Nr. 28. Reproducendum pro anno 1804/5.

5) Leonhardi, Bd. I, S. 459.

6) Als Bürger wurden angenommen 1800: 133, 1802: 142, 1803: 139, 1804: 142, 1805: 145, 1806: 117. Die Einwanderung erklärt sich durch das Übergehen der Invaliden und Soldaten zu bürgerlichen Berufen und durch Ansässigwerden früherer Lieger (Baczko, Königsberg 1804, S. 212).

gesetzten Handwerkertaxen und nicht zum mindesten die auswärtige Politik riefen eine Teuerung hervor, die in einigen Jahren so bedeutend war, dass der Magistrat mit Verwunderung erklärte: „Es war dem armen Volke doch noch möglich, von der gewöhnlichen Kartoffelnahrung zum Brote, obgleich es teuer, zu greifen."[1]) Die finanziell schlechter gestellten Einwohner, Handwerksgesellen, Wollarbeiter,[2]) Knechte und Dienstboten[3]) verliessen die Stadt und suchten die bessere Nahrung des Landarbeiters. Darunter litt naturgemäss die Produktion[4]) des Bürgers und sein Verdienst noch mehr. Die Fleischnahrung[5]) war mangelhaft und die verminderten Brotrationen[6]) zu-

---

1) A. 25, Finanztaschenbücher Nr. 27, Reproducendum pro anno 1803/4.

2) A. 25, Finanztaschenbücher Nr. 23—29: Die Tuchmacher fallen 1756—1806 von 304 bis auf 151, die Zeugmacher von 269 bis auf 75, die Strumpfmacher von 88 bis auf 16, die Hutmacher von 55 bis auf 19 Arbeiter. Es lag nicht etwa an den zunehmenden Fabriken, dass die Zahl der Handwerker zurückging, denn sie waren in der Mehrzahl nicht selbständig, sondern in den Fabriken beschäftigt.

3) A. 25, Finanztaschenbücher Nr. 23, Reproducendum pro anno 1799/1800.

4) Die Wollverarbeitung fiel 1798—1806 von 31273 Steinen 9 Pfund auf 25965 Steine 4 Pfund, also in 8 Jahren um 5108 St. 5 Pfd.; Tücher, Friese und Flanelle von 5442 St. auf 4846 St.; Zeuge von 3441 St. auf 1581 St. (Der kleine Stein = 11 Pfund, 1 Pfund = 500 gr.) Vgl. dazu Dr. G. M. Kletke: Mass- und Gewichtseinteilung vom 17. 8. 1868, Berlin 1871, 2. Aufl., S. 44 ff. Die Konsumption des Malzes zur Bierverarbeitung fiel 1756 bis 1806 von 9302 Wispel 10 Scheffel auf 6959 Wispel $18\frac{1}{2}$ Scheffel. (Ein Wispel = 24 alte Scheffel = 26,382 neue Scheffel, Kletke, S. 44 ff.).

5) Der Viehbestand der Stadt inkl. des Hubenbezirks verringerte sich von Jahr zu Jahr. 1798—1806 fiel er von 2097 Pferden auf 1763, von 1854 Stück Rindvieh auf 1628, von 2325 Schweinen auf 2111. Trotz der grösseren Bevölkerung wurden 1805 1680 Ochsen weniger in der Stadt verbraucht als 1755. Der Hammel-, Schaf- und Ziegenverbrauch fiel von 1755—1805 von 25395 Stück auf 11002 Stück, also um 14393 Stück. Lämmer und Zickel wurden 1755: 3454 versteuert, 1805 nur noch 1711. Der Accise-Ertrag an Kalbfleisch fiel in den 5 Jahren von 1796—1801 um 3636 Stück Vieh. 1806 wurden sogar 5196 Kälber weniger geschlachtet als 1805; im ganzen wurden 1806 18547 Stück Vieh weniger verbraucht als 1756.

6) Zwar hat in den Accisetabellen der Weizen und Roggen eine steigende Tendenz (1796: 2827 Wispel 13 Scheffel, 1805: 3075 Wispel Weizenverbrauch, 1797: 4656 Wispel 16 Scheffel, 1805: 4702 Wispel $10\frac{1}{4}$ Scheffel Roggenverbrauch). Aber diese Steigerung der Komsumption wird dadurch erklärlich, dass der Kaufmann von den Landleuten andauernd Getreide geschickt bekommt, es zwar versteuern muss, aber nicht verkaufen kann. In Wirklichkeit ist die Brotnahrung gewaltig eingeschränkt (A. 25, Finanztaschenbücher Nr. 23, Reproducendum).

A. Die Einwohner der Städte und Freiheiten Königsberg i. Pr.

sammen mit dem auch schon erheblich eingeschränkten Biergenuss[1]) vermochten nicht die Bevölkerung auf einer gedeihlichen Höhe zu halten; eine andauernd wachsende Sterblichkeit war die Folge. Dazu kam noch die schlechte Bauart der Stadt mit ihren engen Strassen, winkligen Häusern, zum grössten Teil ungepflasterten Wegen.[2]) Zwar war die Wohnungsnot damals nicht gross — auf 58 642[3]) Menschen kamen 4485 Gebäude — aber der ganze Besitz war auf einen viel zu kleinen Raum verteilt,[4]) so dass bei der wenig entwickelten Medizinalpolizei die Ausbreitung eines kleinen Krankheitsherdes zu einer Epidemie durchaus nicht Wunder nehmen konnte. Erschreckend war die Sterblichkeit im ersten Lebensjahr. 1795 starben in den ersten 12 Monaten 24,51 %,[5]) 1804: 22,75 %, 1805: 21,17 %, 1806: 37,62 %. In den höheren Lebensaltern nahm sie ab, doch überwogen seit 1796 die Todesfälle die Geburten durchschnittlich jährlich um 283 Personen.[6])

---

1) Bei den immer teurer werdenden Malzpreisen mussten die Mälzenbräuer mit Verlust verkaufen, um nur einigermassen zum Genuss des Bieres anzuregen (A. 25, Finanztaschenbücher Nr. 23, Reproducendum).

2) Vgl. Baczko, Königsberg 1804, S. 95. Wenn die Strassen gepflastert sind, so hat man regellos kleine und grosse Steine nebeneinander in die Erde gestampft.

3.) Streng genommen, sind es nur 54 348 Menschen, da die Hubenbewohner ausserhalb der Stadt wohnen und die Hospitaliten auf ein Gebäude beschränkt sind. Am dichtesten bewohnt ist die äussere Vorstadt mit 18 Seelen auf ein Haus, der Steindamm mit 17—18, die Laak und Lastadie mit 16—17 Menschen auf ein Wohnhaus. Im übrigen ist die Verteilung der Einwohner auf die einzelnen Stadtteile, jedoch ohne Einquartierung des Militärs und dessen Angehöriger, folgende: Altstadt auf 399 Eigentümer 3684 Seelen; Steindamm auf 581: 7752; Laak und Lastadie auf 223: 3636; Kneiphof auf 394: 4098; innere Vorstadt auf 153: 2058; äussere Vorstadt auf 463: 8112; Löbenicht auf 220: 2395; Anger auf 100: 1707; Tragheim auf 265: 3756; Burgfreiheit auf 118: 1590; Sackheim auf 244: 4068; Rossgarten auf 272: 3359; Neue Sorge auf 226: 2514 (A. 25, Finanztaschenbücher Nr. 29. Ferner A. 247, Bürgersachen Nr. 3).

4) Der Umkreis der Stadt betrug 2 Meilen (Leonhardi, S. 423); da sie aus von einander sich abschliessenden Gemeinden entstanden ist, so war die Bebauung im Innern sehr dicht, an der Peripherie weitläufiger.

5) K. St. A. Oberpräsidial-Registratur, Abt. 4, I, Nr. 109 a b. 1795 starben im ersten Lebensjahre 417 Kinder, 1798: 401, 1799: 459, 1800: 398, 1801: 376, 1802: 333, 1804: 497, 1805: 447, 1806: 717. Vgl. dazu Tabelle II.

6) A. 25, Finanztaschenbücher Nr. 21—29. Vgl. dazu Tabelle I.

A. Die Einwohner der Städte und Freiheiten Königsberg i. Pr.   7

Tabelle I.

	Unverheiratete Männer	Unverheiratete Frauen	Witwer	Witwen	Verheiratete Männer	Verheiratete Frauen	Knaben	Mädchen	Gesellen	Lehrlinge	Knechte	Dienende Mädchen (Mägde)	Summe der männlichen Einwohner	Summe der weiblichen Einwohner	Gesamtsumme
1784/85	1746	1441	557	3994	8157	8157	7398	8721	1536	1935	634	4416	21963	26729	48692
1789/90	1714	1506	665	4085	7976	7976	7074	8611	1401	1816	680	4689	21326	26867	48193
1797/98	1493	1484	694	4048	8097	8097	7772	8823	1536	1887	852	5201	22331	27653	49984
1799/1800	1919	1553	606	3908	7991	8052	7666	8728	1509	1875	780	4960	22346	27201	49547
1800/01	1547	1504	627	3876	8064	8064	7842	8703	1503	1860	841	4973	22284	27120	49404
1803/04	1654	1344	658	3891	8381	8381	7774	8603	1449	1841	811	4978	22568	27197	49765
1804/05	1601	1293	578	3758	8242	8373	7863	8810	1342	1809	828	4774	22263	27008	49271
1805/06	1746	1444	628	3816	8091	8091	7701	8540	1316	1781	747	4828	22010	26719	48729

Tabelle II.

	Eheschliessungen	Geburten		Sterbefälle		Vergleich zwischen Geburten und Sterbefällen
		Knaben	Mädchen	Personen männlichen Geschlechts	Personen weiblichen Geschlechts	
1755/56	412 Paare	919	921	1092	1034	—286
1762/63	993 „	1066	870	974	844	+118
1796/97	856 „	1143	1073	1049	1038	+129
1797/98	591 „	1159	1044	1100	1034	+ 69
1798/99	673 „	1082	1091	1284	1170	—281
1799/1800 . . .	572 „	1089	962	1160	1155	—264
1800/01	541 „	988	955	1024	1080	—161
1802/03	628 „	1137	1090	1110	1064	+ 53
1803/04	575 „	1147	1037	1055	1173	— 44
1804/05	571 „	1070	1041	993	1075	—117
1805/06	568 „	992	914	1182	1204	— 480

II. Die Einwohnerklassen.
1. Der Adel, die Eximierten und das Militär.

Die Einwohnerschaft Königsbergs war 1806 in drei grosse Gruppen gesondert: Adel, Militär[1]) und Bürgerstand. Der Bürgerstand teilte sich nach den Bestimmungen des Allgemeinen Landrechts von 1794 (Teil II, Tit. 8, Abschn. 1) wiederum in Eximierte,[2]) Schutzverwandte und „die Bürger im eigentlichen Verstande".[3]) Während aber Adel, Militär und Eximierte äusserlich nach Rechten und Pflichten streng abgeschlossene Kasten waren, gingen sie in sozialer Beziehung vielfach in einander über und bildeten verschiedene Gruppen, deren zweite und dritte wirtschaftlich unter den gleichen Lebensbedingungen wie die Bürger und Schutzverwandte standen. An der Spitze finden wir die Beamten und Offiziere von Adel. Ihnen folgte der grössere Teil der Eximierten, nämlich die höheren königlichen Beamten und Titularbeamten, die Besitzer der privilegierten Häuser,[4])

---

1) Die Garnison Königsbergs bestand 1805 aus:
1. Infanterie-Regiment von Brünneck mit 10 Kompagnien, 46 Offizieren und 909 Mann (1806: v. Rüchel).
2. Infanterie-Regiment von Schöning mit 10 Kompagnien, 45 Offizieren und 917 Mann.
3. Grenadier-Bataillon von Below mit 4 Kompagnien, 18 Offizieren und 369 Mann. (Dieses Bataillon wurde aus den Regimentern Schöning und Brünneck gebildet. Man nahm von jedem Regiment 2 Kompagnien und stellte so ein Elitebataillon her.)
4. Feldartillerie-Regiment von Hartmann mit 10 Kompagnien, 54 Offizieren und 1186 Mann.
5. 2 reitenden Artillerie-Kompagnien des Regiments von Hartmann mit 10 Offizieren und 251 Mann.
6. 1 Festungs-Artillerie-Kompagnie mit 5 Offizieren und 106 Mann.
7. 1 Pontonnier-Kompagnie mit 3 Offizieren und 16 Mann.
8. 4 Eskadrons des Dragoner-Regiments von Auer mit 30 Offizieren und 471 Mann.

(A. 25, Finanztaschenbücher Nr. 27. Vgl. Baczko, Königsberg 1804, S. 214 ff. und Rangliste der Kgl. Preuss. Armee von 1805/6, Berlin.)

2) „Personen des Bürgerstandes, welche durch ihre Ämter, Würden oder besondere Privilegien von der Gerichtsbarkeit ihres Wohnortes befreit sind, werden Eximierte genannt." Allgemeines Landrecht von 1794, Berlin 1804, Teil II, Tit. 8, § 3.

3) Landrecht Teil II, Tit. 8, § 2.

4) Es gab in Königsberg eine Anzahl Häuser, deren Einwohner einer besonderen Jurisdiktion unterstellt waren, die am Grund und Boden haftete, und die der jedesmalige Besitzer, der beim Erwerb des Grundes in den

A. Die Einwohner der Städte und Freiheiten Königsberg i. Pr.

sofern sie nicht Edelleute waren, die Angehörigen der Akademie[1])

Eximiertenstand überging, ausübte. Diese Gerichtsbarkeit, die um 1800 mit Ausnahme der Akademie, welche grössere Befugnisse hatte, nur Zivilklagen und Strafen im Werte von 10 Reichstalern umfasste, übte der Jurisdiktionsherr durch Justitiare aus. Grössere Klagen kamen vor die Ostpreussische Regierung, der alle Eximierten unterworfen waren. (Siehe darüber S. 13.) Es gab in Königsberg 10 verschiedene Jurisdiktionshäuser, nämlich:
1. Der deutsch-reformierten Kirchengründe auf der Burgfreiheit. Priv. v. $\frac{24.\ 6.}{4.\ 7.}$ 1698.
2. Der französisch-reformierten Kirchengründe in der Landhofmeisterstrasse und auf der Neuen Sorge. 11 Häuser. Priv. v. 5. 3. 707.
3. Des Kalixtenhofes oder des Skalichienhauses auf dem Tragheim. 29 Häuser, die Markgraf Albrecht dem Paul Skalichius geschenkt hatte. Priv. an Achatius v. Dohna v. 12. 6. 1573.
4. Des königl. Hospitals. Priv. v. 11. 7. 1531.
5. Der Akademie, Priv. v. 18. 4. 1557.
6. Der v. Knoblochschen Gründe früher Kuppnerschen Häuser auf dem Tragheim. 7 Häuser. Priv. v. 14./24. 12. 1691.
7. Der von Borckschen, früher v. Holsteinschen Gründe auf dem Hinter-Rossgarten. 26 Häuser. Priv. v. 28. 2. 1701.
8. Der Dohnaschen Gründe:
    a) der Gründe des Generalleutnants v. Dohna auf der Neuen Sorge. 4 Häuser. (Vgl. Georg Conrad, Urkunden und Regesten aus den Dohnaschen Archiven über einige Königsberger Grundstücke und deren Gerechtigkeiten. 1553—1725. Altpr. Monatsschrift, 1902, Bd. 39.) Die Dönhoffschen Gründe und Gräfl. Schliebenschen Häuser auf der Neuen Sorge gehen auf die Dohnaschen zurück und sind wahrscheinlich als Heiratsgut vergeben worden.
    b) Die Gründe des Generalfeldmarschalls von Dohna in der Junkerstrasse. 9 Häuser.
9. Der von Dargitschen früher v. Kalneinschen Gründe in der Krugstrasse. Kaufvertrag und Priv. vom 30. 3. 1681.
10. Der Lesgewangschen früher v. Borck-Barfusschen Gründe. 4 Häuser. Priv. v. 14. 2. 1628. (S. darüber K. St. A. Oberlandesgerichts-Registr. Nr. 69, F. 981 (K. 135). Etats-M. K. 71, 3 wegen der Privilegien und Konzessionen der 10 Jurisdiktionsherren in Königsberg. Ferner Conrad, Rats- u. Gerichtsverfassung anno 1722, S. 240. Altpr. Monatsschrift 1887, Bd. 24. Goldbeck, Vollständige Topographie des Königreichs Preussen. Königsberg u. Leipzig, 1785, Teil I, S. 46. Baczko, Königsberg 1804, S. 138, 145, 148, 150.)

---

[1]) Ausser den Dozenten und Studenten gehören dazu: die Beamten der Universität, die Ärzte, Advokaten, Buchhändler, Geistlichen, Lehrer, Apotheker und die akademisch gebildeten Künstler mit ihren Familien. C. H.

und der französischen Kolonie; dazu gehörten ausserdem die bürgerlichen Offiziere,[1]) die auch in rechtlicher Beziehung den Eximierten nahe standen.[2]) Den Schluss machte das „Gros" der Soldaten mit Weibern, Kindern und Gesinde,[3]) und von den Eximierten die niederen königlichen Bedienten und die Handwerker der privilegierten Häuser. Alles in allem war es eine grosse Menge Menschen,[4]) die gleichsam als Fremde in der Stadt wohnten, ohne Einfluss auf ihre Verwaltung und Verfassung. Der ansässige Adel hielt sich vollkommen von dem gewerbetreibenden Bürgertum fern; doch war es weniger seine Schuld als die des Staates, der ihn zu weit über die Allgemeinheit heraushob und vor ihm die bürgerliche Nahrung herabsetzte.[5]) So fehlte diesem Stande die Möglichkeit der Anerkennung und das Verständnis für die Bedeutung des Gewerbes vor allem in jener Zeit, wo die sich verbreitenden und auch in Königsberg bekannten Ideen der französischen Revolution zu einer gewichtigeren

---

T. Flögel, Kbg. Jubelchronik zum 600jährigen Jubiläum der Stadt Königsberg. 1855, Heft 6 und 7, S. 20.

1) Bürgerliche Offiziere gab es vorzüglich bei der Artillerie. Die Artillerie war das Stiefkind der Armee. Sie galt nicht für voll. Lehmann, Scharnhorst I, 298, II, 59. Goltz, Von Rossbach bis Jena, S. 210. Das Urteil Potens (Das preuss. Heer vor 100 Jahren, Militärwochenblatt, Berlin 1900, Heft 1, S. 19 ff.), die Artillerie stellte in wissenschaftlicher Hinsicht Anforderungen, denen der Adel nicht gewachsen war, ist zu hart, denn der Dienst war durchaus nicht schwieriger als in den Infanterieregimentern.

2) Landrecht, Teil II, Titel 10, § 6. Offiziere bürgerlicher Herkunft werden in ihren Privatangelegenheiten nach den Rechten der Eximierten des Standortes beurteilt.

3) Landrecht Teil II, Tit. 10, § 46, 57, 58. Soldatenweiber und Gesinde stehen unter der Militärgerichtsbarkeit. Bis 1724 war auch das Gesinde des Adels und der Eximierten von der städt. Jurisdiktion befreit. Nach dem rathäuslichen Regl. vom 13. 6. 1724, Tit. II, § 4 wurde das Gesinde unter das Gericht der Stadt gestellt. Conrad, Das rathäusliche Reglement, S. 180.

4) Die Personenzahl des Adels und der Eximierten vermag ich nicht anzugeben. 1800 hat Königsberg ca. 60 000 Einwohner: 834 Grossbürger, 2758 Kleinbürgerfamilien und 1600 Schutzverwandte mit Weibern, Kindern und Einliegern (A. 25, Finanztaschenbuch Nr. 21—26). Rechnet man für jeden Hausstand 6 Köpfe und noch dazu 8000 Militärpersonen ohne adlige Offiziere, so erhält man für die Eximierten und den Adel noch 11 000 Seelen.

5) Der Adel darf in der Regel kein Gewerbe oder Handel treiben, allenfalls noch Grosshandel ohne Innungszwang, aber auch nur mit Erlaubnis des Königs (Landrecht Teil II, Tit. 9, §§ 76, 77, 79).

A. Die Einwohner der Städte und Freiheiten Königsberg i. Pr. 11

Betonung des Standes herausforderten. Zwischen den Angehörigen der Eximiertenklasse, des niederen Soldatenstandes und den Bürgern waren jedoch die Brücken nicht abgebrochen. Der Übergang aus den Reihen der Kaufleute und Mälzenbräuer — die schon durch ihre Mitarbeit in den Kommerz-Brau-Hospital-Kollegien und beim Wettgericht oft einen leisen Anstrich von Beamten erhielten — zum Dienst des Königs vollzog sich häufig und wurde allgemein als eine Verbesserung des Standes erachtet;[1]) man hörte dadurch nicht auf, Bürger zu sein,[2]) wenn man nicht wollte, und viele königliche Offizianten betrieben neben ihrem Amt die bürgerliche Braunahrung.[3])

Ausserdem gehörte die Mehrzahl der französischen Kolonisten den Gewerbetreibenden an. Sie nahmen noch immer die bevorzugte Stellung ein, die ihnen der Grosse Kurfürst am 29. Oktober 1685 und die folgenden Könige verliehen hatten.[4]) Obwohl ihre Zahl infolge des mangelnden Nachwuchses und des Einheiratens in preussische Familien andauernd zusammenschmolz[5]) — 1806 sind nur 151 französische Einwohner in Königsberg — und nur wenigen noch die fran-

---

1) Das Landrecht spricht selbst von einem Zurückfallen aus der Eximiertenklasse in die Geburtsklasse. Teil II, Tit. 8, § 71.

2) Landrecht, Teil II, Tit. 8, § 48.

3) Viele Mälzenbräuer sind Kalkulatoren, Postsekretäre, Justizkommissare, Aktuare, Kammerkondukteure usw. Vergl. Reponierte Magistratsregistratur auf dem Magistrat zu Königsberg. Servis-Anlage von den Eigentümern der Stadt Königsberg vom 1. 6. 1805 bis 1. 6. 1806.

4) Edikt von der eigenen Gerichtsbarkeit der Franzosen: Edit de sa Seren. Elect. de Brandenbourg contenant les droits, franchises et privileges, que Sa Seren. Elect. accordera aux françois etc. le 29. d'octobre 1685. Siehe im Anhang zu Mylius Corp. Const. March. 6, p. 46. Ferner L. v. Baczko, Gesch. Preussens. Bd. 6, S. 194, Königsberg, 1800. Weiter das gedruckte Patent vom 29. 2. 1720. (Siehe darüber Magistrats-Registratur R. R. 373, Justizsachen Nr. 2.)

5) Die französische Kolonie zählt 1796/97: 253 Seelen, 1797/98: 248, 1798/99: 220, 1799/1800: 238, 1800/1: 166, 1801/2: 157, 1803/4 143, 1804/5: 158, 1805/6: 151. Das ist die Kopfzahl der ansässigen Franzosen. Allerdings kamen in bestimmten Monaten viele Fremde nach Königsberg, die sich dann der Jurisdiktion der französischen Kolonie unterwarfen, aber sie blieben nur vorübergehend in der Stadt. Siehe darüber K. St. A. Oberpräsidialregistratur Abt. 4, I, Nr. 109 a b und K. Stdt. A. A. 25, Finanztaschenbücher Nr. 21—29. Die Sterbefälle überwogen seit 1795 die Geburten. Geboren wurden 1795—1806 97 Kinder, davon 39 Knaben und 58 Mädchen. Es starben in derselben Zeit 115 Personen, davon 51 männlichen und 64 weiblichen Geschlechts. Getraut wurden 44 Paare.

12 A. Die Einwohner der Städte und Freiheiten Königsberg i. Pr.

zösische Sprache[1]) geläufig war, bildeten sie, wie am Anfang, eine Gemeinde in der Stadt für sich. Sie hatten ein eigenes Gericht[2]) und ein Konsistorium,[3]) das direkt unter dem französischen Oberkonsistorium in Berlin stand, und jeder einwandernde Franzose, der sich in Königsberg ansässig machte, erhielt nach wie vor 15 Freijahre[4]) von allen Lasten mit Ausnahme der Konsumptionsaccise. Da die meisten unter ihnen sich der Fabrikation und dem Gewerbe widmeten, hatten sie freies Bürgerrecht[5]) und waren dadurch als Bürger und Eximierte zugleich ein wohltätiges Bindeglied. Ihre Mitglieder

---

1) Es gab viele, die sich nur noch der Armenanstalten wegen zu der französischen Kolonie hielten und die Sprache so verlernt hatten, dass sie vom Gottesdienst nichts mehr verstanden. Am 4. 1. 1787 wurde zur Hebung der französischen Sprache eine Schule gegründet. Vgl. Baczko, Königsberg 1804, S. 306.

2) Das französische Koloniegericht hatte die Jurisdiktion über alle französischen Kolonisten. Die Kolonie hatte freie Richterwahl, und das Kollegium setzte sich zusammen aus einem Richter, zwei Assessoren und einem Sekretär. Es war nicht nötig, dass der französische Richter von Franzosen abstammen musste. Als am 1. 2. 1799 der französische Richter L'Estocq starb, bewarb sich Hippel um die erledigte Stelle. (Dr. F. J. Schneider: Th. G. v. Hippel. Prag, 1911, S. 206.) Grundlegend ist das Edikt von Potsdam vom 29. 10. 1685. Das Gehalt des Richters betrug 94 Reichstaler. Die Assessoren empfingen nichts. Das Gericht wurde unterhalten aus der französischen Ziviletatskasse, die unter der Direktion des Ministers vom französischen Departement stand. Vor das Gericht gehörten alle Handlungen der freiwilligen Gerichtsbarkeit (Instruktion vom 30. 7. 1774, Sektion III, §§ 28, 58, K. St. A., Ediktensammlung Nr. 1774) und alle Zivilrechtsklagen. Appellationsinstanz war das am 19. 6. 1690 errichtete französische Obergericht in Berlin, Revisionsinstanz das Obertribunal mit Hinzuziehung französischer Räte. In Kriminalsachen unterstanden die Kolonisten der ostpr. Regierung wie alle Eximierten, die mit Hinzuziehung des franz. Richters urteilte. S. darüber: S. 13, Anm. 5. Vgl. Instrukt. v. 30. 7. 1774, S. 3; Baczko, Königsberg 1787, S. 365; Baczko, Königsberg 1804, S. 285; Leonhardi Bd. I, S. 237 ff.; Conrad, Rats- und Gerichtsverf. 1722, S. 238. In kleineren Sachen — Diebstählen und Gesindestreitigkeiten — unterstanden die Franzosen dem Polizeigericht. Siehe darüber S. 13, Anm. 5.

3) Konsistorium mit Kirchen-, Armen- und Schulverwaltung, Wahl des Predigers durch die Gemeinde, Bestätigung durch den König. Das Konsistorium bestand aus zwei Predigern, die den Vorsitz führten, und aus zwei Anciens. Rechnungsablegung nur vor der Kolonie. Baczko, Königsberg 1804, S. 283.

4) Reskript vom 3. 1. 1702, Art. 3, RR, 373, Justizsachen Nr. 2.

5) Kaufm. Archiv in der Börse zu Königsberg, Serie I, Littre B, Nr. 27, Vol. I.

wurden zu allen Ämtern zugelassen,[1]) und es blieben bis zur Zunftfreiheit noch die Vorschriften in Kraft, dass in einem Gewerk bei drei Meistern, die zur Kolonie gehören, der eine Ältermann sein musste,[2]) dass keine Kognition oder Exekution über ein Mitglied ohne die Gegenwart des Richters verhängt werden durfte[3]) und zu jeder Beratung der Stadtältesten über Einrichtungen und Veranstaltungen, die das allgemeine Wohl berührten, ein Abgeordneter der französischen Gemeinde hinzugezogen werden musste.[4])

Adelspersonen, Soldaten und Eximierte kamen mit der Verwaltung der Stadt[5]) nur durch ihre unbedingte Unterordnung[6]) unter

---

1) RR. 373, Nr. 2 Justizsachen.

2) Verordn. vom 8. 10. 1739 d. d. Berlin (RR. 373, Justizsachen Nr. 2) und später: General-Regl. wegen künftiger Behandlung der zum Polizeiressort gehörigen Sachen in Orten, wo franz. Kolonisten befindlich sind, d. d. Berlin 23. 11. 1802, § 4 (K. Stdt. A. Kolonisten-Sachen Nr. 3, A. 34).

3) Ebenfalls Verord. vom 8. 10. 1739.

4) Ebenda und Generalregl. vom 23. 11. 1802, § 1.

5) Die Soldaten standen unter der Militärgerichtsbarkeit. Die Eximierten, der Adel und die Juden, die noch bis zum Erlass des neuen Justizreglements für das Königreich Preussen vom 3. 12. 1781 dem Hofgericht oder Oberburggräfl. Amt unterstellt waren, (Instruktion 30. 7. 1774, Edikten-Samml. Nr. 1774, Sektion III, §§ 4, 5) sind nach 1781 der Jurisdiktion der ostpr. Regierung unterworfen. Bagatellsachen (Zivil- und Injuriensachen) von 10 Reichstalern und darunter werden von einem „Deputatus" der ostpr. Regierung, einem Referendar und zwei Auskultatoren abgemacht. Bei Sachen über 10 Reichstalern verhandelt in erster Instanz der erste oder untere Senat der ostpr. Regierung (Regierung genannt. 1 Präsident und 7 Räte). Appellationsinstanz ist der zweite oder obere Senat. (Ostpr. Tribunal genannt. 1 Präsident, 5 Räte.) Die Revision liegt bei Sachen von 400 Reichstalern und darüber beim Obertribunal in Berlin, sonst bei der westpreussischen Regierung. Injuriensachen im Werte über 10 Reichstaler und Kriminalverbrechen kommen vor das Kriminalkollegium (ein Hofhalsrichter, 6 Kriminalräte und 1 Sekretär), das jedoch nicht urteilen darf, sondern sein Gutachten an die ostpr. Regierung abgibt. Berufung die gleiche wie in Zivilsachen. Vgl. Baczko, Königsberg 1804, S. 249, 284 ff.; Leonhardi, Bd. I, S. 390 f., 397 ff.; Goldbeck, Topographie, S. 45 ff. In einigen Injuriensachen unterstanden die Eximierten ebenso wie die Schutzverwandten, Bürger und der Adel dem Polizeigericht, nämlich in Klagen der Herrschaft über Missbräuche und umgekehrt (Reskript vom 23. 6. 1786), jedoch Schadenersatzansprüche und Lohnklagen gehörten vor die zuständigen Gerichte. Ferner Bestrafung kleiner Diebstähle und Hehlereien von **5 Reichstalern und darunter Sachwert (Reskript vom 21. 6. 1785).** Die Berufungsinstanz war die ostpr. Regierung. Der Polizeidirektor entschied auf den Vortrag des Polizeiinspektors sie vollkommen allein. Er konnte,

die Aufsicht der städtischen Polizeidirektion in Berührung. Sie leisteten keine Abgaben an die Stadt, ausser denen, die zur Errettung aus allgemeiner Gefahr dienten,[1]) und waren von persönlichen Verpflichtungen frei.[2]) Erwarben sie jedoch Grundbesitz, so trugen sie die am Grund und Boden haftenden Reallasten,[3]) und stellten sich in Hinsicht des Hauses unter die Jurisdiktion[4]) der Stadt nach Unterzeichnung eines schriftlichen Reverses.[5]) Indessen waren 84 Häuser in Königsberg auch von diesen Leistungen befreit.[6]) War bei der Erlangung von Gründen das Nachsuchen des Bürgerrechts nicht Bedingung, so wurde es dagegen beim Eintritt in die Konkurrenz des bürgerlichen Gewerbes erforderlich,[7]) mit der Einschränkung, dass Invaliden[8]) und Beurlaubte,[9]) auf eine vom Staat erteilte Konzession

---

wenn die Angelegenheit schwierig war, sie vor das Magistratskollegium bringen und dort durchsprechen lassen, die Entscheidung aber hatte er in jedem Fall (Polizeiinstruktion v. 16. 3. 1752, §§ 3, 11, 14, K. St. A., Oberlandesgerichtsregistratur F. 981 (K. 128) und Etatsm. 110a).

6) Landrecht, Teil II, Tit. 8, §§ 25, 59, 129. Vgl. dazu rathäusl. Regl. v. 28. 6. 1783, Sekt. I, § 1. Ferner Polizeiinstrukt. vom 16. 3. 1752, § 9 und Reskript vom 10. 4. 1752 (Littre P, Nr. 24, Vol. I. Kaufm. Arch. im K. St. A.).

1) Landrecht Teil II, Tit. 8, § 63. Z. B. Stellung eines Mannes zum Feuerdienst, vergl. Königl. Preuss. Feuerordnung für d. Hauptstadt Königsberg i. Pr. Berlin v. 3. 7. 1770, § 28, in K. St. A., Regierungskommunal-Registr., Spec. XX, Tit. 16, Nr. 3 und K. Stdt. A. A. 301, Acta die Feuerordnung von 1770 betr.

2) Landrecht, Teil II, Tit. 8, §§ 64, 66, 67.
3) Tit. 8, § 65. Vgl. Tit. 10, § 19.
4) Tit. 8, § 68. Vgl. Tit. 10, § 13.
5) Tit. 8, § 69.
6) RR. Einige Königl. Reskripte die Einrichtung des hiesigen Serviswesens betreffend. Item die Bestallung der Servisbeamten vom 25. 9. 1802.

7) Landrecht, Teil II, Tit. 8, §§ 18, 60.
8) Alex. Horn, Die Verwaltung Preussens seit der Säkularisation. Königsberg 1890, S. 542. Die Regierung schrieb den Soldaten die Berechtigung zur Ausübung des Handwerks schon als eine Art Invalidenpension in den Steuerzettel.

9) Die Kompagnie-Chefs entliessen stets einen Teil ihrer Mannschaft als Beurlaubte in die Stadt, um dort ein Handwerk zu treiben. Sie brauchten dann die Löhnung nicht zu zahlen. Einige Soldaten blieben auch als sog. Freiwächter bei der Kompagnie, waren vom Wachtdienst befreit und trieben nebenbei ein Gewerbe; sie erhielten nicht den vollen Sold. Siehe darüber M. Lehmann: Scharnhorst II, S. 140. v. d. Goltz, Von Rossbach bis Jena. 2. Auflage. S. 214. Poten, S. 27 ff. und Becker, Geschichte des ersten ostpr. Grenadier-Regmts. Nr. 3, Teil I, Berlin 1885, S. 305.

A. Die Einwohner der Städte und Freiheiten Königsberg i. Pr.

hin, die Einwohner der privilegierten Häuser auf Grund der erteilten Vorzugsrechte,[1]) ungehindert ihr Handwerk treiben konnten, ohne Bürger zu werden;[2]) jedoch standen sie in Gewerbesachen unter den zuständigen städtischen Gerichten.[3])

2. Die Schutzverwandten.

Den Bürgern näher, wenn auch in rechtlicher Beziehung hinter ihnen, standen die Schutzverwandten. Nach dem Landrecht sind es die Bewohner der Stadt, welche weder eigentliche Bürger sind noch Eximierte;[4]) ihre rechtliche Grundlage beruhte auf der Transaktion vom 20. 2. 1620 zwischen den Räten und Zünften der Kaufleute und Mälzenbräuer.[5]) Es gehörten dazu: Die Juden, Gesellen, die Lehrlinge und die grosse Masse der Arbeiter und Tagelöhner an den Handelsanstalten. Sie standen — mit Ausnahme der Juden — unter der Jurisdiktion[6]) und Polizei der Stadt, leisteten den Schutzverwandteneid[7]) und durften kein bürgerliches Gewerbe selbständig treiben.[8]) Mit andern Worten: das Bürgertum duldete sie in den Mauern, verschloss ihnen aber den Weg zu dauernder bürgerlicher Nahrung. Diese starre Regel stand jedoch mit der Wirklichkeit am Ende des 18. und Anfang des 19. Jahrhunderts nicht mehr in Einklang. Das Gesetz wurde durch staatliche und städtische Konzessionen durchbrochen. Ein

---

1) K. St. A., Etatsm. K. 71, 3. Die Privilegien und Konzessionen der 10 Jurisdiktionsherren betr.

2) Die ohne Bürgerrecht gewerbetreibenden Personen mussten jährlich eine Abgabe an die Stadt zahlen, das Nahrungsgeld, das je nach dem Einkommen wenige Groschen oder einige Reichstaler betrug.

3) Landrecht Teil II, Tit. 8, §§ 25, 61. Die in Reih und Glied stehenden Soldaten durften nur dann Hökerei oder Bierschank treiben, wenn sie ererbte oder angeheiratete Hausbesitzer waren. Polizei-Instruktion vom 17. 3. 1752, d. d. Berlin, § 8.

4) Landrecht Teil II, Tit. 8, § 5.

5) K. St. A. § 2, Etatsm. K. 81a.

6) Doch standen die Juden in Gewerbesachen unter den zuständigen städtischen Gerichten.

7) Von diesem Eide waren die Juden entbunden, da sie von der Regierung verpflichtet wurden. Mit dem Eide wurde eine einmalige Abgabe an die Kämmerei der Stadt entrichtet, die 40 pr. Groschen betrug (RR. 18, Bürgersachen Nr. 15 und K. Stdt. A. A. 247, die Vereidigung der Bürger und Schutzverwandten betr.).

Vgl. Landrecht Teil II, Tit. 8, § 73.

16   A. Die Einwohner der Städte und Freiheiten Königsberg i. Pr.

Teil der Lieger, deren Aufenthalt früher auf Monate[1]) und Wochen beschränkt war und die in den massgebenden und sich ergänzenden Liegerordnungen von 1734 und 1755 noch immer als Fremde betrachtet wurden, machten sich in Königsberg ansässig, erwarben die Schutzverwandtenrechte, aber trieben ruhig den ihnen als Liegern gestatteten Handel weiter. Gleich ihnen hatte ein grosser Teil der Schutzjuden Privilegien auf Gewerbe und ebenso die Mehrzahl der Invaliden, die nicht mehr der Militärjurisdiktion, sondern den Statuten des Wohnortes unterworfen waren.[2]) Es war nicht allzu schwer, eine Konzession zu erlangen und für viele war der Stand eines Schutzverwandten der angenehmste, weil er frei war von dem Druck der Zunft und den persönlichen Verpflichtungen der Bürger,[3]) deren Lasten ihnen die Rechte nicht aufzuwiegen schienen. Sie konnten ungehindert Grundbesitz erwerben[4]) — 1791 waren sie schon im Besitz von 859 Häusern[5]) — und zahlten dann die am Grunde haftenden Lasten, nebst einem Rauchgeld, wenn sie in den Städten und Vorstädten, oder Scharwerksgeld, wenn sie auf den königlichen Freiheiten wohnten; doch durfte es jährlich nicht mehr als ⅓ Taler betragen.[6]) Wohnten sie als Einlieger, so zahlten sie nichts; als Mieter mit eigenem Herd gaben sie ein geringeres Rauch- oder Scharwerksgeld,

---

1) Die Lieger durften höchstens vom 1. Mai bis 1. Dezember in Königsberg bleiben. Vgl. Meier, Beiträge zur Handels- und politischen Gesch. Königsbergs, Neue Preuss. Prov.-Blätter, Bd. 33.

2) Ein Teil der Invaliden blieb unter den Militärgesetzen, gehörte zu den Invaliden-Kompagnien und war nur für die Stadt beurlaubt. Andere wurden entlassen, mussten in der Stadt entweder Bürger oder wenigstens Schutzverwandte werden und waren dann der städtischen Jurisdiktion unterworfen. Vgl. Landrecht, Teil II, Tit. 10, §§ 64, 65.

3) Landrecht Teil II, Tit. 8, § 75. Sie durften nur in dringenden Fällen zu persönlichen Diensten herangezogen werden, z. B. Feuerdienst.

4) Vgl. dazu K. St. A., Kaufmänn. Arch., Littre H., Nr. 22, Vol. I, und Meier, S. 234 ff.

5) K. Stdt. A. A. 25, Finanztaschenbücher Nr. 12. Die meisten Gründe lagen in den Vorstädten und königlichen Freiheiten: Laak und Lastadie hatte 47 Schutzverwandtenhäuser. Innere und Äussere Vorstadt 194. Haberberg 134. Steindamm 89. Burgfreiheit 48. Tragheim 57. Rossgarten 42. Neue Sorge 130. Sackheim 59. In Altstadt, Kneiphof und Löbenicht waren nur 55.

6) RR. 18, Bürgersachen Nr. 15. Das Rauchgeld wurde an die städtische Kämmerei gezahlt, das Scharwerksgeld floss in die Königl. Hausvogteikasse auch Rentei genannt.

das 4 Groschen nicht überschritt.¹) Auch wurde das Einziehen der Gelder sehr milde gehandhabt, denn auf ein Attest des Polizeiinspektors konnten arme Schutzverwandte mit den Abgaben „übersehen" werden.²) Bedeutender war das Nahrungsgeld, das von den Gewerbetreibenden erhoben wurde; bei den Ärmsten machte es allerdings nur wenige Groschen aus, bei wohlhabenden Liegern aber konnte es bis 25 Reichstaler jährlich betragen.³)

Mit dem Begriff der Schutzverwandten verband sich in jener Zeit für Königsberg die Vorstellung des grössten Reichtums und der grössten Armut: Auf der einen Seite die wohlhabenden Lieger und die generalprivilegierten, ordentlichen und ausserordentlichen Schutzjuden mit ihren grossen Familienmitteln, auf der anderen Seite die breite Masse der Handwerksgesellen und Lehrlinge, Faktore, Bedienten, Knechte, Mägde, Hausierer und Handelsjuden und vor allem der Arbeiter auf Tagelohn, die als Sackträger, Packer und Stauer in den Handlungsanstalten beschäftigt wurden und bei der mangelhaften Armenfürsorge den grössten Prozentsatz der städtischen Bettler stellten.

Die Kopfzahl der Schutzverwandten in Königsberg schwankte stark, da viele Fremde, die in den Sommermonaten nach Königsberg Geschäftshalber kamen,⁴) Schutzverwandte wurden, um sich länger in der Stadt aufhalten zu können. Man konnte die Seelenzahl der ansässigen Schutzverwandten ungefähr auf 10 000 schätzen.⁵)

Die Lieger und Juden entstammten dem Auslande und zeichneten sich im Allgemeinen durch einen weiteren Blick für kaufmännische Dinge aus⁶) als die eigentlichen Bürger, die das alte, ererbte

---

1) RR. 18, Bürgersachen Nr. 15. Reskr. vom 12. 1. 1733. Über Rauchgeld siehe auch: Rathäusl. Regl. von 1724, Tit. III, § 12. Alle dort getroffenen Bestimmungen gelten bis zur Städteordnung.

2) K. Stdt. A. A. 247. Vereidigung der Bürger und Schutzverwandten betr. Rathäusl. Beschl. v. 4. 8. 1733.

3) Wettgericht und Handelsordnung vom 2. 3. 1734, Tit. III, Art. 1. Vgl. dazu Kaufm. Arch. Lit. H, Nr. 22, vol. I. Die Bestimmung wurde zwar durch Reskripte vom 24. 3. und 16. 12. 1785, aufgehoben, scheint aber später doch wieder eingeführt zu sein.

4) Armstedt, Gesch. von Königsberg i. Pr. 1899, 247 ff.

5) 1805/6 belief sich die Zahl der Gesellen allein schon auf 1316, die der Lehrlinge auf 1781. Dazu kamen noch die Juden mit 826 Seelen. 1806 sind 1646 Schutzverwandtenhausstände in Königsberg. Rechnen wir die Familie zu 4 Personen und zählen Gesellen und Lehrlinge, die immer bei den Bürgern wohnten, mit, so erhalten wir ungefähr 10 000 Seelen.

6) Meier, 235.

Gewerbe betreiben. Ihre Sonderstellung erlaubte ihnen zudem, sich über Beschränkungen hinwegzusetzen, die der Erwerb des Bürgerrechts notwendig mit sich brachte.

a) Die Lieger im besonderen.

Folgende Lieger gehörten aber nicht zu den Schutzverwandten: die Boshalter, welche von den Fahrzeugen aus (Wittinnen), die Kellerschotten, die in Kellern verkauften, die Paudelkrämer, welche hausierend herumzogen, und die Rauchhalter, kleine Handelsleute vom Lande mit eigenem Herd. Es waren in der Regel Fremde, die alle Jahre in der Zeit vom 1. Mai bis zum 1. Dezember wiederkehrten.[1]) Dauernd ansässig war erst die fünfte Klasse, die Gehilfen auswärtiger Handelshäuser, die bei der Lässigkeit und dem geringen Unternehmungsgeist der Königsberger Kaufleute, als Vermittler für ihre Firmen ein- und verkauften. Ihre Geschäftsführung war allerdings sehr beschränkt, denn sie durften nur mit den Waren ihrer Firmen und lediglich en gros, nicht pfund- und ellenweise, und ausserdem nur mit Bürgern handeln. Auch war es ihnen nicht erlaubt, von Bürgern erhandelte Produkte an andere Bürger weiterzuverkaufen. Der geschäftliche Verkehr der Lieger mit Fremden war nur zur Jahrmarktzeit gestattet.

Aus den abhängigen Liegern gingen die unabhängigen Kommissionäre hervor. Ein grosser Teil von ihnen bestand aus generalprivilegierten Schutzjuden. Die Kommissionäre hielten sich ohne rechtlichen Grund gegen die Handelsordnungen in der Stadt auf, denn sie waren nicht mehr Beauftragte eines auswärtigen Handelshauses.[2]) Da sie aber dank ihrer Rührigkeit den Verkehr mit dem Auslande,[3]) vor allem mit Holland, Schweden, Frankreich, Polen und Russland in der Hand hielten, waren sie den Kaufleuten unentbehrlich und erlangten leicht die nötige Konzession,[4]) falls sie nicht schon als Juden in ihren Privilegien das Recht auf den Handel hatten. Sie mussten sich aber verpflichten, nicht zu ihrem „Proprio", sondern nur für fremde Rechnung Waren zu kaufen.[5]) Sie wurden auch in den

---

1) Meier, 234. Armstedt, 65; Dr. Berg, Gesch. d. Königsberger Handels.
2) Wettordnung vom 2. 3. 1734, Tit. II, Art. 5. Fremde Kaufgesellen dürfen auf eigene Rechnung keinen Handel treiben. K. St. A. Etatsm. 74a und K. Stdt. A. A, 94, Handlungssachen, Generalia Nr. 40.
3) Handlungsordnung von 1734, Tit. II, Art. 2.
4) K. St. A., Kaufm. Arch., H, Nr. 22, vol. I.
5) Daselbst Lit. V, Nr. 1, Rede eines Eltermanns vom 27. 4. 1791.

auf dem Magistrat ausliegenden Listen als Lieger geführt. Die 25 Reichstaler jährlicher Rekognitionsgebühren,[1]) die sie der Stadt erlegen mussten, standen in keinem Verhältnisse zu dem gewaltigen Abbruch, den die Grossbürger durch sie erlitten. Zwar durften sie wie die abhängigen auswärtigen Kaufgesellen nur mit Bürgern und nicht mit Fremden handeln,[2]) und ausserdem nur en gros, aber sie wussten diese Einschränkung ohne Schwierigkeit zu umgehen, indem sie ihre Geschäfte scheinbar im Namen eines Grosshändlers machten.[3]) Die Verpflichtungen der Königsberger Kaufleute den Kommissionären gegenüber waren so gross, dass sie aus eigenem Interesse zu diesen von den Zünften und Gesetzen[4]) öffentlich verdammten „Maskopiegeschäften" die Hand bieten mussten. Zudem nahm die Zahl der herabgekommenen Grossbürger fast mit jedem Jahre zu, die solchen gewinnbringenden Winkelzügen durchaus nicht abgeneigt waren.[5]) Viele geborene Königsberger zogen die Freiheit eines Schutzverwandten den drückenden und unbequemen persönlichen Verpflichtungen eines Bürgers vor und wurden Lieger.[6])

Die Kaufmannszünfte haben bis zur Gewerbefreiheit die Opposition gegen dieses Treiben nie aufgegeben. Sie gingen so weit, dass sie ihren eigenen Mitgliedern den Kommissionshandel streng

---

1) Wettordn. v. 2. 3. 1734, Tit. III, Art. 1. Vgl. K. St. A., Kaufm. Arch., H, Nr. 22, vol. I.

2) Handlungsreglement vom 16. 7. 1755, Eingang u. Art. 1, § 3. K. St. A., Etatsm. 74a und K. Stdt. A. A, 94, Handlungssachen Generalia Nr. 40. Vgl. Wettordnung vom 2. 3. 1734, Tit. III, Art. 1; Liegerordn. vom 16. 2. 1715, Art. 27 bei Grube, Corp. Const. Pruth. II, Nr. 2.

3) Meier, 234.

4) Wettordn. v. 2. 3. 1734, Teil II, Art. 3. Jeder Grossbürger, der seinen Namen zu Maskopiegeschäften hergibt, wird das erste Mal für ein Jahr, das zweite Mal für 6 Jahre des Handels für unfähig erklärt. Beim dritten Mal wird ihm das Bürgerrecht entzogen.

5) Die Liegerordnungen verfehlten ihren Zweck, da die vielen verarmten und verschuldeten Grossbürger gegen Provision ihre Namen zum verbotenen Handel hergaben. Vergl. Rachel, Handel u. Handelsrecht von Königsberg i. Pr. Forsch. z. Brand, Preuss. Gesch., 22, 117.

6) Der Kriminalrat Brandt klagt in seinem Entwurf zur Städteordnung vom 15. 7. 1808, „dass der Missbrauch soweit gehe, dass sogar hiesige Stadtkinder als Lieger auf den Handel sich etablieren, um mit dem Gewinn desselben auch noch jene Exemptionen zu erwerben K. St. A., Kaufm. Arch., Lit. V, Nr. 29.

verboten,[1]) niemals einen Lieger aufnahmen,[2]) wenn er ihm nicht entsagte und auf die strikte Durchführung des Kommissionseides drangen.[3]) Trotzdem versuchten sie von Zeit zu Zeit die christlichen Kommissionäre in ihr Lager hinüberzuziehen und zu Bürgern zu machen, fanden aber wenig Entgegenkommen. Denn die Kommissionäre wussten wohl, dass sie als Nichtbürger mit freieren Handelsbegriffen[4]) den grösseren Zulauf von Ausländern hatten,[5]) die von den auf ihre Rechte pochenden Herren der Stadt geringschätzig behandelt wurden und übervorteilt zu werden fürchteten. Der Kampf zwischen bürgerlichen Kaufleuten und Liegern wurde mit ungleichen Waffen geführt: Der Kommissionseid blieb auf dem Papier,[6]) denn im eigenen Lager der Zünfte wurden Stimmen laut, die erklärten, des Kommissionshandels sich nicht begeben zu wollen und lieber auf Bürgertum und Gilde zu verzichten.[7])

b) Die Juden im besonderen.

Eine in gleicher Weise exponierte Stellung nahmen die Juden ein. Von denen, die ihre Konkurrenz fürchteten, wurden sie als Eindringlinge gehasst, während sie bei dem anderen Teile der Einwohnerschaft in jener von revolutionären Ideen angefüllten Zeit wegen der Zähigkeit, mit der sie ihrem Ziele, der Gleichberechtigung, zustrebten und ihrer Intelligenz sich steigender Beachtung erfreuten. Erst seit 1700[8]) hatten die Juden in Königsberg festen Fuss gefasst; unter stetem Kampf mit den Grossbürgern und ergänzendem Zuzug aus dem Osten entwickelten sie sich zu einer ansehnlichen Gemeinde. Unter der duldsamen Regierung Friedrich Wilhelms III. brachten sie es vor dem grossen Kriege bis auf 826 Seelen,[9]) und die Geburten

---

1) Daselbst Lit. H, Nr. 22, vol. I, Actum der 3 Kaufmannszünfte vom 16. 11. 1786. Vgl. dazu K. Stdt. A. A, 92, Handlungssachen Nr. 17.

2) K. St. A., Kaufm. Arch., Lit. V, Nr. 1, die Eltermannsrede im Falle des Kommissionärs La Garde vom 27. 4. 1791.

3) Der Grossbürger sollte schwören, dass er niemals Maskopie u. Kommissionshandel mit Fremden treiben wolle. Meier, 298.

4) Rachel, 115.

5) K. St. A., Kaufm. Arch., Lit. H 22, vol. 1.

6) S. Meier. S. 298.

7) K. St. A., Kaufm. Arch., Lit. H, Nr. 22, vol. 1.

8) Sie begannen mit 3 Familien. Jolowicz, Gesch. d. Juden in Königsberg i. Pr., 29.

9) 1795: 843 Seelen; 1798: 824; 1801: 833; 1804: 879; 1805: 826; 1806: 826; (K. Stdt. A. A. 25, Finanztaschenbücher Nr. 21—29). Am 13. Oktober

A Die Einwohner der Städte und Freiheiten Königsberg i. Pr.

überwogen seit 20 Jahren die Sterbefälle.[1]) Zwar galt noch bis 1812 das drückende Reglement Friedrichs des Grossen vom 17. April 1750,[2]) aber während damals die Regierung die Vermehrung und Konkurrenz der Juden hindern wollte, stand sie jetzt der Vergrösserung der Kolonie mit wachsender Teilnahme gegenüber. Zur Fabrikation eigneten sich die Juden mit ihren grossen Familienverbindungen besser als die alle Unternehmungslust entbehrenden Königsberger Kaufleute mit ihren beschränkten Mitteln; die besten Betriebe in der Stadt waren in ihren Händen. Vor allen Dingen brachten sie Kapital ins Land, worauf die mercantilistische Politik besonderen Wert legte. Ein Jude, der sich in einer Stadt niederlassen wollte, musste die für damalige Verhältnisse grosse Summe von 10 000 Reichstalern aufweisen[3]) und für jedes Kind, das er auf seinen Schutzbrief ansetzte, 1000 Reichstaler.[4]) Die um die Wende des 18. Jahrhunderts 130 bis 135 Familien starke, andauernd wachsende Königsberger Gemeinde privilegierter Juden repräsentierte also ein nicht zu unterschätzendes Vermögen, und es scheint nicht unmöglich, dass der Staat mit seiner auffälligen Begünstigung die Absicht hatte, durch die rührigen und kapitalkräftigen Juden den immer mehr und mehr sinkenden Handel zu stützen. Er milderte daher das Reglement von 1750 und die für Königsberg geltenden Vorschriften und wandte einzelne der noch weiter bestehenden Artikel nicht mehr an, wenn er durch die protestierenden Grossgilden dazu veranlasst wurde. Die Regierung betonte zwar die Sonderstellung, indem sie die Juden mit geringen Ausnahmen der städtischen Jurisdiktion noch immer entzog und unter

---

1804 waren in Königsberg 63 Junggesellen, 11 unverheiratete Frauen, 105 Ehepaare, 12 Witwer, 50 Witwen, 383 Kinder, 54 Handlungsgehilfen, 56 Lehrlinge, 47 Mägde. (R. R. 371, Judensachen Nr. 7.)

1) K. St. A., Oberpräsidial-Registratur, Abt. 4, I, Nr. 109a b; Geburten 1795: 21; 1798: 27; 1800: 19; 1801: 15; 1802: 17; 1803: 18; 1804: 14; 1805: 11; Sterbefälle: 1795: 10; 1798: 13; 1800: 9; 1801: 10; 1802: 10; 1803: 10; 1804: 10; 1805: 8; 1806: 14.

2) Revidiertes Generalprivilegium und Reglement vor die Judenschaft im Königreiche Preussen vom 17. 4. 1750. Nov. Corp. Const. March. II, 118. Rönne und Simon. Die früheren und gegenwärtigen Verhältnisse der Juden in sämtl. Landesteilen des preuss. Staates. Breslau 1843, 241 ff. Baczko. Königsberg 1804, 239. Hennig. Chronologische Übersicht der denkwürdigsten Begebenheiten, Todesfälle und milden Stiftungen in Preussen, Königsberg 1828, 43. Leonhardi I, 467. Jolowicz, 77 ff.

3) Judenreglement von 1750. Art. 5, § 8.

4) Art. 5 § 2.

ihre eigene stellte. In jedem Monat mussten ausserdem von den Rabbinern und Ältesten unterschriebene Verzeichnisse über die Vorfälle der Kolonie an die Kammer gehen[1]) und kein für Königsberg privilegierter Schutzjude durfte sich länger als ein Jahr ohne Erlaubnis entfernen.[2]) Aber die Erleichterungen für die Juden sind doch unverkennbar. Die lästige Aufseherstelle beim Gottesdienst in der Synagoge wurde 1778 aufgehoben nach Zahlung einer Ablösungssumme von 400 Reichstalern an den Universitätsfonds.[3]) Am 12. Februar 1788 wurde die 1769 für den ganzen Staat gegebene Verordnung, dass bei Verheiratungen und Konzessionserteilungen die Juden Porzellan aus der Berliner Fabrik entnehmen mussten, niedergeschlagen.[4]) Gegen § 11 des Reglements, der den Juden das Ausüben eines Handwerks mit wenigen Ausnahmen verbot, wurden im Jahre 1802 in der Stadt ohne Widerspruch „von humanen Bürgern" Prämien für Meister ausgesetzt, die Lehrlinge mosaischen Glaubens ausbildeten.[5]) Am wichtigsten war aber die am 18. Juli 1801 verfügte Aufhebung jener Edikte und Verordnungen,[6]) nach denen jede jüdische Gemeinde gezwungen war, die von einem Mitgliede verursachten Schäden zu ersetzen.[7]) Generalprivilegien und damit verbundene Handelskonzessionen, die vordem nur wenige Bevorzugte besassen, wurden häufiger an Juden erteilt trotz der Proteste des von den Zünften aufgestachelten Magistrats. Friedrich Wilhelm III. kümmerte sich nicht mehr um die Reskripte und Edikte seines Vaters vom 16. und 22. Februar 1787, in denen die Grossbürger das Versprechen erhalten hatten,

---

1) Nach dem Judenregl. von 1750 Art. 4. Auch fand alljährlich die Art. 32 vorgeschriebene Zusammenkunft der Domänenkammer mit den Judenältesten statt und eine Untersuchung, ob die Gemeinde nach den Privilegien gelebt hatte, wurde vorgenommen, doch war diese Zusammenkunft mehr Formsache. Siehe darüber R. R. 371, Judensachen Nr. 7.

2) Regl. von 1750. Art. 7. Siehe darüber R. R. 371. Judensachen Nr. 7.

3) Die Aufsicht war am 15. 1. 1716 der Gemeinde in der Synagoge gegeben worden, weil in dem Gebet Alenu von Juden die christliche Religion verletzende Stellen mitgebetet worden wären. Die Aufhebung erfolgte am 6. 7. 1778. Siehe darüber Jolowicz, 33, 100; Armstedt, 258; ferner Borowski, Beiträge zur neueren Gesch. d. Juden in Preussen. Preuss. Archiv d. deutsch. Gesellsch. 1790, 782; Moses Mendelsohn: G. d. Kypke's, Aufsätze über jüd. Gebete, Festreden. Preuss. Archiv 1790.

4) Rönne und Simon, 213. Jolowicz, 105.

5) R. R. 371. Judensachen Nr. 16.

6) Rönne und Simon, 75. Jolowicz, 110. Flögel, Heft 6 und 7, S. 3.

7) R. R. 371, Judensachen Nr. 7.

A. Die Einwohner der Städte und Freiheiten Königsberg i. Pr.

der Staat würde keine Schädigung ihrer Interessen und eine Vermehrung der Konkurrenz zulassen.[1]) Konsenserlangungen[2]) zum Häusererwerb wurden erleichtert, denn nach dem Reglement von 1750 Art. 28 und seiner Deklaration vom 4. Juli 1763[3]) war es den Juden verboten, ohne Zustimmung des Hofes Grundstücke zu kaufen. Die Kaufleute und Mälzenbräuer beschwerten sich wiederholt, dass die besten Häuser in der Kneiphöfschen Langgasse und deren Nebenstrassen in jüdischen Händen wären.[4])

Dieses Entgegenkommen der Regierung blieb nicht ohne Einfluss auf die Haltung des Magistrats, der offiziell immer gegen eine Vermehrung der Kolonie war, es aber doch mit manchen Beschränkungen nicht mehr so genau nahm. Nach der alten Verfassung durften die Juden nicht in den drei Städten wohnen und in den Vorstädten nur als Garköche, Meth- und Weinschänker;[5]) auf den königlichen Freiheiten aber war es ihnen gestattet, sich ungehindert niederzulassen.[6]) Da jedoch diese Entfernung von den Handelszentren Altstadt und Kneiphof ihren Interessen zuwider war, hatten sie sich allmählich die verbotenen Städte erobert. 1804 waren sesshaft in der Altstadt 59, im Kneiphof 421, in der Vorderen Vorstadt 92, die Frei-

---

1) R. R. 371, Judensachen Nr. 16. Schreiben der Kaufleute an den Magistrat vom 22. 9. 1797. Vgl. K. St. A. Kaufm. Archiv. Lit. J, Nr. 20, vol. I.

2) Konsense mussten durch die Domänenkammern bei dem Generaldirektorium nachgesucht werden und wurden vom Könige bestätigt.

3) In der Deklaration wird die Anzahl der Judenhäuser in Königsberg auf 40 festgesetzt. Die Besitzer dürfen nach Anzeige an die Kammer mit den Grundstücken unter einander handeln (K. St. A. Kaufm. Arch. J. Nr. 24 vol. I.). 1796 hatten 134 Familien nur 26 Gründe. Ausserdem besassen die Juden in Königsberg 1 Synagoge, 1 Rabbinerwohnung, 2 Lazarette, 1 Kirchhof mit Haus (Lit. J.-Nr. 24, vol. I). Vor allem wurde darauf Gewicht gelegt, dass mit Erwerb eines Hauses die Kantonpflicht übernommen wurde, was den Juden vorher nicht möglich war. Zwar stand diese Verpflichtung noch in dem Kantonreglement vom 12. Februar 1792 Art. 28, doch wurde sie den Juden beim Kauf nachgesehen. 1804 übernahm als erster der Jude Levin Salomon für ein Haus in der Kneiphöfschen Langgasse für sich und seine Nachkommen die Kantonpflicht (R. R. 371, Judensachen Nr. 5).

4) R. R. 281, Feuerlöschanstalten, Generalia Nr. 28, Schreiben der Grossbürger an den Magistrat vom 30. 9. 1790.

5) Reskript vom 8. 2. 1755. Jolowicz, 89.

6) Nach den Edikten vom 10. 8. 1720 und 26. 6. 1748 durften die Juden auf den Freiheiten Rossgarten, Burgfreiheit, Tragheim, Sackheim, Neue Sorge wohnen und Packkammern halten. R. R. 370, Judensachen Nr. 1, vol. IV.

24　A. Die Einwohner der Städte und Freiheiten Königsberg i. Pr.

heiten, mit Ausnahme der Burgfreiheit, wo 43 wohnten, zählten nur noch je 2—3 jüdische Einwohner.¹) Ausserdem konnte sich der Magistrat nicht durchaus zu einer andern Ansicht bekennen als die Mehrzahl seiner gebildeten Einwohner, welche die Tüchtigkeit der Königsberger Juden²) anerkannten. Die Vorwürfe, dass die Juden mit gewissenlosem Leichtsinn in die Ehe träten³) und sich in den Kriegen Preussens, namentlich während der russischen Okkupation unpatriotisch bewiesen hätten, um gute Geschäfte zu machen, waren unhaltbar. Freilich trieben manche fremde Juden, die sich auf Konzessionen in den Städten aufhielten und bei der milden Handhabung des Reglements Königsberg für eine ergiebige Geldquelle erachteten, von Zeit zu Zeit als Lotteriekollekteure ihr Unwesen, liehen gegen Wucherzinsen und stürzten junge über ihre Verhältnisse lebende Kaufleute ins Unglück; einige von ihnen erwarben sogar in kurzer Zeit grosse Vermögen.⁴) Auch war der Ausspruch: „Es gab Generalprivilegien nicht für den Würdigeren, sondern für den Reicheren"⁵) nicht ganz ungerecht. Die Geschäftstaktik einiger ansässiger Privilegierter war sehr anfechtbar,⁶) aber trotzdem hatten schon vor der Reorganisation in dem grösseren Teile der Königsberger Bürgerschaft jene Empfindungen Eingang gefunden, die am 25. November 1808 die Judenschaft in ihrer Eingabe an Geheimrat von Schön zum Ausdruck brachte, „dass Einschränkung und Zurücksetzung die Vaterlandsliebe, Beschränkung der Ehen und des Erwerbes die Moralität schwächen und dass daher die den Juden sämtlich zur Last gelegten und doch nicht allen anklebenden Mängel nicht Eigentümlichkeit ihres Charakters, sondern Folgen der Umstände sind, unter denen ein Volk schmachtet".⁷)

1) R. R. 371, Judensachen Nr. 7.
2) Baczko. Königsberg 1787, 458, 510, 513, 526. Königsberg 1804, 353, 395. Jolowicz, 92. Borowski, Beiträge zur neueren Gesch. d. Juden in Preussen. Preuss. Archiv der Deutschen Gesellschaft. 1790.
3) R. R. 371, Judensachen Nr. 16, Schreiben der Kaufl. an den Magistrat vom 18. 7. 1795.
4) R. R. 371, Judensachen Nr. 16. Schreiben der Kaufl. an den Magistrat vom 5. 12. 1798. Der Jude Isaak Meyer erwarb auf diese Weise in ein paar Jahren 40 000 Reichstaler, der Lotteriekollekteur Michael Hirsch gen. Mechel in 2 Jahren 12 800 Reichstaler. Schreiben der Kaufl. an den Magistrat vom 5. 9. 1795 und 29. 12. 1803.
5) Jacoby, Über die bürgerl. Stellung der Juden in Preussen. Preuss. Prov.-Bl. 1833 Nr. 10, 257 ff.
6) Vergl. R. R. 371, Judensachen Nr. 16.
7) K. St. A. Oberpräsidial-Registr. Abt. 4, I, Nr. 113. Baczko, Königsberg 1787, 317. Königsberg 1804, 241.

Bei aller Anerkennung jedoch blieb für die Gesamtheit der Satz bestehen, dass sie das Bürgerrecht nicht erlangen und an den Vorteilen des Staates und Privatrechts nur beschränkt Anteil nehmen könnten.¹) Dass der Allgemeinheit der Juden der Zugang zum Bürgerrecht versperrt würde, darin stimmten Regierung und Magistrat überein, doch gegen die Zulassung einzelner in Königsberg hatte der Hof entgegen der Meinung des Magistrats durchaus nichts. Im Gegenteil, er begünstigte sie. Die Ansicht, dass „kein Jude um 1808 Bürger in Königsberg war", ist falsch. 1798 wurde auf Spezialbefehl des Königs, obgleich die Stadtverwaltung das Generaldirektorium und der Stadt günstige Personen in hoher Stellung in Bewegung setzte, der Jude Dr. med. Simon Hirsch Levi, der mit der Enkelin des naturalisierten Hofbankiers in Berlin Daniel Itzig²) vermählt war, Bürger in Königsberg. Allerdings musste er auf den mit dem Grossbürgerrecht verknüpften „Handel und Wandel" verzichten. Ausserdem erklärte der Magistrat den Kaufmannszünften, dass die Worte „Grossbürger und Bürger" im Bürgerbrief nicht vorkommen würden.³)

Weit leichter und mit dem grösseren Schein des Rechts wies die Regierung den Einspruch des Magistrats und der Gilden zurück, wenn der Jude die Taufe annahm. Den Proselyten wurden gleich den fremden Kolonisten unentgeltliches Bürgerrecht und sogar Freijahre gewährt.⁴) Um den alten Makel zu verwischen, nahmen die Getauften christliche Namen an.⁵) Diese Sitte blieb auch nach der Städteordnung bestehen⁶) trotz des Verbots im Landrecht⁷) und des Reskripts vom 9. Juni 1806.⁸)

Von den im Reglement von 1750 aufgeführten Judenklassen⁹) traten die ersten drei als die wichtigsten in die gewerbliche Konkurrenz

---

1) Jolowicz, 111. Rönne und Simon, 215.
2) Er hatte schon seit 1795 in den drei Städten die bürgerlichen Rechte, durfte sich aber nicht Grossbürger nennen.
3) K. St. A. Kaufm. Arch. J. Nr. 20, vol. I.
4) K. St. A. Kaufm. Arch. J. Nr. 26, vol. II.
5) Samuel Hirsch Mendel wird umgeändert in Samuel Heinrich Mentzel, R. R. 371, Judensachen Nr. 9. Laser Cohn in Johann Gottfried Hoffmann, Patent vom 14. 10. 1768 in J. Nr. 26, vol. II. Moische Hirsch in Johann Gottlieb Theodor Lehmann, Patent vom 3. 2. 1785. R. R. 371, Judensachen Nr. 16.
6) R. R. 371, Judensachen Nr. 9.
7) Teil II, Tit. 20, § 1440b.
8) Rönne und Simon, 55. Vgl. zu den Proselytentaufen das Reskr. vom 25. 9. 1810, bei Jolowicz, 122.
9) Regl. von 1750 Art. 5. Rönne und Simon, 242. Jolowicz, 78 ff.

ein, denn sie allein durften Handel und Handwerk, allerdings in sehr beschränktem Masse, treiben. Es waren 1. die Generalprivilegierten, deren Rechte auf die Familienmitglieder ausgedehnt werden konnten,[1] 2. die ordentlichen Schutzjuden, die auf ihr Privilegium 2 Kinder ansetzen durften, 3. die ausserordentlichen Schutzjuden, deren Vorrechte nur persönlich waren. Sie machten die Gemeinde aus und trugen die „publiquen" Abgaben.

Die drei folgenden Stufen bildeten eine notwendige Ergänzung: 1. die öffentlichen Kultusbedienten, die nur für die Zeit ihres Amtes eine Aufenthaltskonzession besassen. 2. Die geduldeten Juden; zu ihnen wurden die nicht mehr auf das Privilegium ansetzbaren Kinder der Schutzjuden und die ihres Amtes wegen entlassenen jüdischen Bedienten gezählt. 3. Die Dienstboten.

Die Befugnisse der ordentlichen Schutzjuden waren durch die Verordnungen genau detailliert. Man erlaubte ihnen einen Teil des Manufakturwarenhandels:[2] den Verkauf von Kurz-, Schnitt-, Galanterie- und Tapisseriewaren, gestattete ihnen den Juwelen-, Wechsel- und Spezieshandel, die Häusermakelei und liess sie Leihhäuser[3] und Packkammern[4] halten, die in kürzester Zeit vollkommen in ihre Hände kamen.[5]

Die Verleihung von Generalprivilegien an Juden[6] versetzte die Grossgilden in einen Zustand steter Unruhe, weil ihr Inhalt durch kein Gesetz genau bestimmt wurde und es daher im Belieben der Regierung stand, sie beliebig auszudehnen. Aber in dem Bestreben, grosse Kapitalien im Lande zu behalten oder hineinzuziehen, ging

---

[1] Unter Familienmitglieder sind die Frauen und ehelichen Kinder zu verstehen.

[2] Regl. von 1750, Art. 18.

[3] Art. 24.

[4] Neben ihren Kramläden konnten sie für einen Teil Kolonialwaren, so Thee, Kaffee, Schokolade und für Wachs, Honig, Talg, die sie auf öffentlichem Markte von Bürgern einkaufen mussten, speicherartige Räume halten, aus denen sie nicht pfundweise, sondern nur en gros verkaufen durften. Freihandelsrechte erhielten sie erst am 11. 3. 1812. Faber, Die Haupt- und Residenzstadt Königsberg i. Pr. Königsberg 1840, 143.

[5] Sie haben die grössten Packkammern. Baczko, Königsberg 1787, 317.

[6] Die meisten einfachen Generalprivilegien enthalten das Recht, alle ehelichen Kinder anzusetzen, zuweilen auch den Handel über Scheffel und Wage, den sie aber nie in Königsberg ausüben konnten. R. R. 371, Judensachen Nr. 16. K. Stdt. A. A, 261, Magistratssachen, Patronenamt Nr. 2. Jolowicz, 78 unterscheidet nicht Generalprivilegierte und Generalprivilegierte mit den Rechten christlicher Kaufleute.

der Hof über die Generalprivilegien weit hinaus. In Anerkennung besonderer Leistungen und Aufwendungen schuf er zwei neue Klassen, die Generalprivilegierten mit den Rechten christlicher Kaufleute und die naturalisierten Juden, mit der Absicht, diesen eine aus der Allgemeinheit der Judenschaft herausgehobene annähernd bürgerliche Stellung zu verleihen, ohne den Namen „Bürger" zu gebrauchen. Die Generalprivilegierten mit den Rechten christlicher Kaufleute hatten zwar das den Grossbürgern zukommende Recht, über Scheffel und Wage zu handeln — in der Regel nur mit inländischen Fabrikwaren zur Vergrösserung des Absatzes — und durften meistens dieses Privileg sowie das Recht des freien konzessionslosen Häusererwerbs auf die männlichen Deszendenten vererben, trotzdem unterstanden sie doch noch derselben Jurisdiktion wie ihre Glaubensgenossen, obwohl die Anwendung des Wortes „Jude" auf sie verboten wurde.[1]) Die Inhaber der allerdings selteneren Naturalisationsbriefe[2]) waren dagegen den Bürgern gleichgestellt. Sie waren von den Judenabgaben völlig frei, unterstanden wie die Bürger dem Stadtgericht und es durfte bei Prozessen kein Unterschied in der Behandlung gemacht werden. Ihre Handelsbefugnisse waren ausgedehnter als die der Generalprivilegierten mit den Rechten christlicher Kaufleute. Es war ihnen erlaubt, mit allen Waren zu handeln, sie konnten wie jene Grundbesitz erwerben, ungehindert heiraten,[3]) Kinder ansetzen ohne Konzession und diese Vorteile auch auf Töchter und Schwiegersöhne ausdehnen, mit Ausnahme des Rechts, über Scheffel und Wage zu handeln.[4]) Dafür übernahmen sie sämtliche Militär- und Zivilpflichten.[5]) Es ist verständlich, dass die Grossbürger, da sie sich in ihrem Erwerb bedroht sahen, diesem System den heftigsten Widerstand

---

1) R. R. 371, Judensachen Nr. 16. Die Konzession an den holländischen Kaufmann Ezechiel Benjamin Cohen vom 6. 12. 1786.

2) Rönne und Simon, 214 Anm.

3) Bei Eheschliessungen traten jedoch die jüdischen Ritualgesetze in Kraft.

4) Das Patent geht über auf alle männlichen Deszendenten, auch auf Töchter und deren Männer und deren vor Erteilung des Privilegiums geborene Kinder. Das Recht, über Scheffel und Wage zu handeln, geht nicht auf Schwiegersöhne und Schwiegertöchter über nach dem Reskript vom 13. 2. 1784 (R. R. 371, Judensachen Nr. 16. Naturalisationspatent des Hofjuden Daniel Itzig vom 24. 1. 1792). K. St. A. Kaufm. Arch. J.-Nr. 20, vol. I.

5) Wenn sich jemand diesen Pflichten entzog, verlor er seine Privilegien und fiel in den Stand des gemeinen Juden zurück. R. R. 371, Judensachen Nr. 16.

entgegengesetzten¹) und mit immer grösserem Misstrauen die Regierung beobachteten, die zwar durch die Kriegs- und Domänenkammer erklärte, dass Juden nur auf ein erledigtes Privilegium angesetzt werden sollten,²) aber ihre Versprechungen nie hielt. Die Grossgilden, unterstützt vom Magistrat und unter stetem Hinweis auf ihre vom Hofe gegebenen Privilegien brachten es stets so weit, dass selbst Generalprivilegierte mit den Vorrechten christlicher Kaufleute auf den nur dem Grossbürger zustehenden „Handel und Wandel" verzichteten und auf die in dem Reglement für die ordentlichen Schutzjuden vorgesehene Vertreibung von Erzeugnissen und das Halten von Packkammern beschränkt blieben.³) So stand ein guter Teil der erteilten Konzessionen nur auf dem Papier.

Von den auch den Juden gestatteten Handlungszweigen war um 1800 so gut wie nichts mehr in christlichen Händen. 1794 waren von 56 Manufakturisten nur noch 6 christlich und ihre Geschäfte waren so unbedeutend, dass sie zusammen nicht soviel Umsatz hatten wie ein jüdisches Haus. Der Spezies- und Wechselhandel gehörte ausschliesslich den Juden.⁴) In demselben Jahre kamen auf 500 christliche Kaufleute 100 Handel treibende Juden⁵) in nur 134 Familien. Der Grund für diese Entwicklung war ohne Zweifel in der Berührung mit dem nahen Polen zu suchen. Am 3. Oktober 1794 schrieben die Grossgilden an den Magistrat: „Die Juden haben die grösste Möglichkeit mit den Polen Geschäfte zu machen. Diese sind meistens Semiten und da der Nächste des Juden sein Mitjude ist, gehen sie in Königsberg natürlich zum Juden; das einzige ist, dass sie nicht über Scheffel und Wage handeln dürfen, aber auch darum gehen sie herum, indem sie ihre eigenen Waren auf den Namen der fremden Moskowiter an die hiesigen Bürger verkaufen lassen."⁶)

---

1) Es kam dauernd zu Prozessen, da die Kaufmannszünfte den Juden den Handel mit verschiedenen Waren streitig machten. Schreiben der Judenschaft an den König vom 21. 11. 1780. K. St. A. Kaufm. Arch. J.-Nr. 23, vol. I.

2) Siehe die Reskripte vom 16. und 22. 2. 1787, die Bekanntmachung der Kgl. Domänenkammer im Jahre 1804 bei Flögel, Heft 6 und 7, 50.

3) R. R. 371, Judensachen Nr. 16, Schreiben der Kaufmannschaft an den Magistrat vom 3. 10. 1794.

4) R. R. 371, Judensachen Nr. 5, Schreiben der Kaufmannschaft vom 15. 3. 1795.

5) R. R. 371, Judensachen Nr. 16.

6) R. R. 371, Judensachen Nr. 16. Schreiben der Kaufmannschaft an den Magistrat vom 3. 10. 1794. Fremde (Lieger) konnten über Scheffel

A. Die Einwohner der Städte und Freiheiten Königsberg i. Pr.

Bei den immer schlechter werdenden Aussichten suchten die Zünfte zu retten, was zu retten war. Sie widersetzten sich aus Prinzip, ohne jede Prüfung der Sachlage, neuen Konzessionserteilungen. Sie achteten peinlich genau darauf, dass die Juden ihren Verpflichtungen nachkamen. Sie drangen auf die strikte Durchführung des Edikts vom 25. 12. 1747, wonach ein Jude, der in Konkurs gerät und seine Gläubiger nicht befriedigen kann, den Schutzbrief verliert.[1] Ihre besondere Aufmerksamkeit richteten sie auf die Überschreitung der Konzessionsdauer durch die unter dem Geleit des Königs besonders zur Sommerszeit[2] nach den drei Städten kommenden fremden Juden, der sog. „vergeleiteten" Juden, die teils ihre eigenen Waren losschlagen wollten, teils die Vermittler zwischen ihren Glaubensgenossen in Königsberg und in Polen und Russland waren und nebenbei in den Städten Wechselgeschäfte und Lotteriekollekten betrieben. Der Aufenthalt wurde häufig über die erlaubte Zeit hinaus ausgedehnt, aber die Übertreter wussten der von den Zünften erstatteten Anzeige zu begegnen, denn es fand sich immer ein ansässiger Schutzjude oder in den Reihen der Grossbürger ein Kaufmann, der erklärte, er hätte dringende Forderungen an den Vergeleiteten; mit einem Attest des Stadtgerichts versehen, das nach den angegebenen Verhältnissen die Notwendigkeit der Anwesenheit betonte, ging der Jude ruhig seinen Geschäften nach.[3]

Während das Grossbürgertum die Eindringlinge mit grösster Erbitterung bekämpfte, war das Verhältnis der Juden zu den dem Handwerkerstande angehörigen Kleinbürgern gut. Den Mitgliedern der jüdischen Gemeinde war schon bei der Ansiedelung, dann durch die Ordnung von 1730[4] und das neu revidierte Reglement von 1750 der Betrieb eines zünftigen Handwerks verboten worden, und sie haben nie dieses Verbot zu durchbrechen versucht. Die wenigen unzünftigen freigegebenen Gewerbe wie Petschierstechen, Optisch

---

und Wage handeln und an Bürger verkaufen. Wenn die Juden also mit Waren handeln wollten, die über Scheffel und Wage gingen, so wählten sie den angegebenen Weg; wollten sie von Fremden Waren kaufen, so machten sie die verbotene Maskopie mit Grossbürgern.

1) R. R. 370, Judensachen Nr. 1, vol. 4. Vgl. Regl. von 1750 Art. 10.
2) Armstedt, 247.
3) K. St. A. Kaufm. Arch. J. Nr. 21, vol. I, Reskr. der Kriegs- und Domänenkammer vom 3. 12. 1787.
4) Myl. Corp. Const. March. V. Cap. 3, Sp. 197.

Gläser-Steinschleifen, in Gold und Silber Sticken, deren geringer Bedarf eine grössere Arbeiterfrequenz verbot, konnten den Konkurrenzneid der Königsberger Kleinbürger nicht erwecken, besonders da die daran Teilnehmenden keineswegs über Mittel verfügten, denen die Gewerke nicht gewachsen waren. Diese gefielen sich vielmehr in ihrer Beschützerrolle; der Erlass des Ministers von Schrötter vom 17. Februar 1802, dass die drei Meister, welche die meisten jüdischen Lehrlinge zu Gesellen losgesprochen, Prämien von 50, 100 und 150 Reichstalern erhalten sollten,[1]) wurde mit Wohlwollen aufgenommen, und es fiel nicht weiter auf, dass damit der § 11 des Reglements von 1750 ausser Kraft gesetzt wurde. Auch in Zukunft erhob man keine Einwendungen, da der Zug der Juden zum Handwerk äusserst gering war. 1804 sind von ungefähr 1500 Lehrlingen 6 Israeliten: ein Ledertauer, ein Chirurg, ein Uhrmacher, 2 Schneider und ein Gerber.[2]) Die Frage, ob bei dieser versöhnlichen Gesinnung[3]) die Meister bereit gewesen wären, auch die Konsequenzen zu ziehen und den Losgesprochenen zum Meister und damit zum Bürger zu machen, steht allerdings offen. Obgleich damals schon viele Einwände gegen das Zunftwesen laut wurden, lag der Gedanke an Gewerbefreiheit auch den unzufriedensten Handwerkern fern.

Ohne Zweifel besserte sich die gesellschaftlich-bürgerliche Stellung der Juden trotz des dauernden Zwists mit den christlichen Kaufleuten und der vererbten Abneigung,[4]) dank der Blüte ihrer industriellen und kommerziellen Unternehmungen.

Indessen noch bestand das Reglement von 1750 zu Recht und konnte, wenn die Regierung ihren Sinn änderte, wieder rücksichtslos angewandt werden. Ebenso blieben auch die drückenden Abgaben, die von den Generalprivilegierten und den Schutzjuden dem König

---

1) Doch galten diese nur für Schmiede, Schlosser, Maurer und Zimmerleute, die übrigen Gewerbe erhielten nur die Hälfte. K. Stdt. A. A, 261, Magistratssachen, Patronenamt Nr. 2. Jolowicz, 111, Baczko, Königsberg 1804, 241.

2) R. R. 371, Judensachen Nr. 7.

3) Der holländische Weber Feldt war der erste, der einen jüdischen Knaben als Lehrling annahm und am 25. Oktober 1802 öffentlich anzeigte, dass er ein königliches Anerkennungsschreiben erhalten hätte.) Jolowicz, 111.

4) Über Abneigung gegen die Juden in Königsberg vergl. Jolowicz, 111. Die Juden selbst rühmten aber die Toleranz der Staatsregierung. Vergl. Flögel, Heft 6, 16.

A. Die Einwohner der Städte und Freiheiten Königsberg i. Pr.

und der Stadt gegeben werden mussten;[1]) für die regelmässige und vollständige Zahlung bürgte die ganze Kolonie.[2]) Die Summe war stets dieselbe; wurde ein Mitglied zahlungsunfähig, so mussten die Genossen dafür aufkommen. An staatlichen Abgaben zahlte die Königsberger Judenschaft im Jahre 1805/6:

1. von den Schutzgeldern,[3]) die nach dem Edikt vom 24. April 1724, 15 000 Reichstaler für alle preussischen Juden betrugen,[4]) 2043 Reichstaler.[5])

2. Rekruten- oder Krückengelder[6]) zur Chargenkasse, die wegen der jüdischen Envallierungsfreiheit am 1. Juni 1728 auf 4800 Reichstaler erhöht wurden,[7]) 475 Reichstaler.

3. An Kalendergeldern, die von der Berliner Akademie der Wissenschaften im Betrage von 400 Reichstalern erhoben wurden, 48 Reichstaler 18 Groschen.

4. Von der Silberlieferung,[8]) die noch aus den Zeiten Joachims II. stammte und zu der alle Juden Preussens 3000 Mark fein Silber an die Münze zu Berlin und Stendal geben mussten, 790 Mark fein Silber.

5. Montes-Pietatis-Gelder, die bei Heiraten und Geburten laut Erlass vom 15. 10. 1710 gezahlt und durch Reskript vom 30. Juli 1711 für alle preussischen Lande auf 300 Reichstaler abgerundet wurden, 30 Reichstaler 17 Groschen. Ausser diesen Einnahmen kamen dem Staate noch die Gelder zu, die jeder „vergeleitete" fremde Jude, der zum Handel nach Königsberg kam, nach einem bestimmten Satze erlegen musste. Sie flossen zur Gewerbesteuerkasse und betrugen

---

1) Die naturalisierten Juden waren von den Lasten frei. Die publiken Bediensten waren von allen Abgaben frei. Regl. von 1750 Art. 6. Die geduldeten Juden und Dienstboten bildeten nur eine Ergänzung der Gemeinde.
2) Regl. von 1750, Art. 8.
3) Rönne und Simon, 218.
4) Jolowicz, 63.
5) Für diese und die folgenden Angaben siehe: K. Stdt. A. A, 25, Finanztaschenbücher Nr. 29, Balance für 1805/6.
6) Krückengelder: wahrscheinlich Spottbezeichnung für die Juden, weil sie nie einen Säbel führen durften, sondern an der Krücke gingen. Ähnlich das ostpr. Krückenzagel für einen alten Mann. Frischbier 1, 435.
7) Nach dem Reskr. vom 26. 2. 1720 betrugen sie nur 3000 Reichstaler.
8) Rönne und Simon, 207.

1805/06 947 Reichstaler 53 polnische Groschen.[1]) Eine gute Geldquelle für die königlichen Kassen waren auch die Gebühren, die von den Juden erhoben wurden, wenn bei irgend einem Anliegen die Zustimmung der Behörden notwendig war, wie Kinderansetzungen, Gemeindewahlen u. s. w.[2]) Ein neuer Schutzbrief kostete für Königsberg 500 Rtlr. An aussergewöhnlichen lokalen Abgaben zahlte die Judenschaft gemäss der Feuerordnung für Königsberg vom 3. Juli 1770[3]) 50 Rtlr. an die Feuersozietätskasse als Prämie für die Mannschaften des Feuerdienstes,[4]) weil, wie es in den Akten heisst, die Juden sich zu Handlungen, die persönliche Stärke und Verachtung der Gefahr erforderten, nicht eigneten. Ausserdem überliess ihnen die Staats- und Stadtverwaltung die Besoldung ihrer Gemeindebedienten vollkommen. 1803 gehörten dazu ein Rabbiner, ein Kantor, ein Bassist, ein Schulbedienter (Kläpfer) und ein Diskantsänger; ihre Gehälter standen nicht fest, sondern waren nach den Zeitumständen bemessen.[5]) Alle diese Lasten ruhten auf den Schultern von nur 134 Familien;[6]) sie wurden von den Ältesten nach dem Einkommen und Gewerbe eines jeden Mitgliedes berechnet und eingezogen. Ausserdem mussten sie auch ihre Armenanstalten allein unterhalten.

---

1) In der Blütezeit des polnischen Handels vor den Teilungen Polens waren sie bedeutend grösser gewesen. 1762/63 hatten sie 3209 Rtlr. 51 Gr. betragen. K. Stdt. A. A, 25, Finanztaschenbücher Nr. 29. Balance für 1805/06.

2) Rönne und Simon, 248.

3) Titel 3, § 37.

4) Auch in Berlin war die Judenschaft vom Feuerdienst abgelöst. Sie musste, wenn Feuer ausbrach, 15 Rtlr. jedesmal zu Prämien zahlen, die an Personen, die sich bei einem Brande ausgezeichnet hatten, verteilt wurden. (Feuerordnung für Berlin von 1727, Tit 3, § 31 in Mylius Corp. Const. March. 5, Abt. 1, S. 267). Nach diesem Vorbild gab am 8. 4. 1781 die Königsberger Kaufmannschaft die Anregung, die Juden sollten bei einem Brande jeder einen Mann stellen und ihn besolden oder jedesmal 15 Rtlr. zahlen, da die einmalige Ablösung von 50 Rtlr. zu gering wäre. Am 18. 1. 1798 einigte sich die Polizeidirektion mit den Juden dahin, dass sie, wenn sie 70 Häuser haben würden, jedesmal 50 Rtlr. zahlen sollten. (R. R. 281. Feuerlöschanstalten, Generalia Nr. 28.)

5) R. R. 371, Judensachen Nr. 11. Ehrenämter waren die Ämter der alle 2 Jahre von der Kolonie gewählten und von der Kriegs- und Domänenkammer bestätigten 3 Gemeindeältesten, 2 Kassierer, 2 Vorsteher, 1 Beglaubten.

6) K. St. A. Kaufm. Arch. J.-Nr. 20, vol. I.

3. Die Bürger.

Wenden wir uns den Bürgern „im eigentlichen Verstande"[1]) zu, so müssen wir bei der Betrachtung ihrer Gliederung und Rechtsverhältnisse vielfach auf Grundlagen zurückgreifen, die älter sind als die Kombinierung der 3 Städte im Jahre 1724, da das Landrecht von 1794 nur die allgemeinen Normen feststellt und im einzelnen die Statuten des Wohnortes für massgebend erachtet.[2]) Auch das rathäusliche Reglement von 1783 nimmt, wie die städtische Ordnung des Jahres 1724 auf das Bestehende Bezug, ohne Neues zu schaffen. Für die Zeit vom 17. Jahrhundert bis 1808 galt hinsichtlich des städtischen Verfassungsrechtes die Transaktion als Rechtsgrundlage, welche als Abschluss längerer Streitigkeiten am 20. Februar 1620 zwischen den Räten und Zünften der Städte herbeigeführt worden war.[3]) In den Reglements von 1724 und 1783 ist allerdings von ihr nicht die Rede, auch wird darin zwischen Gross- und Kleinbürgern noch nicht unterschieden,[4]) aber in den Akten gehen die Behörden andauernd auf sie zurück, und, nur in Einzelheiten modifiziert, wird sie als grundlegend behandelt. Die Gesamtheit der Bürgerschaft wurde danach durch drei Zünfte gebildet, nämlich durch die beiden Gilden der Kaufleute und Mälzenbräuer, die später Grossbürger genannt werden, und durch die Summe aller Gewerke und Innungen, deren Mitglieder man als Kleinbürger bezeichnete.[5])

a) Die Grossbürger.

Die Grossbürger, deren Rechte sich noch auf die alte Verfassung der deutschen Hansestädte gründeten[6]) und die bisweilen in Erinnerung an die alte Pflicht, in eiserner Ritterrüstung zu dienen,

---

1) Landrecht von 1794, Teil II, Tit. 8, § 2.
2) Teil II, Tit. 8, § 6.
3) K. St. A. Etatsminist. 81a. Transaktion zwischen den Räthen der dreyen Städte Königsbergs und den Mächtigern der klagenden Zünfte der Kaufleute und Mälzenbräuer. Gedruckt zu Thorn 1624.
4) Diese Trennung findet sich erst in der Wettordnung von 1666. Rachel, 113.
5) Die beiden Zünfte der Grossbürger zerfielen in 6 kleine Zünfte, deren jede Stadt zwei besass. In der Altstadt und im Kneiphof behaupteten die Kaufmannszünfte den Rang, im Löbenicht nahmen dagegen die Mälzenbräuer die erste Stelle ein. K. Stdt. A. A, 247, Akta die Gerechtsame der hiesigen Grossbürger und deren Unterschied von den Kleinbürgern betreffend. Vgl. Baczko, Königsberg 1804, 229.
6) Meier, 227.

den Ehrennamen Junker führten, bildeten den einen der vier städtischen „Stände": Rat, Gericht, Grossbürger und Kleinbürger. Sie allein hatten das Recht, Braunahrung zu treiben und ständig untereinander und mit Fremden jeder Nation zu handeln; allen, die daran teilnehmen wollten, wurde es zur Pflicht gemacht, zunächst das Bürgerrecht zu erwerben;[1]) so blieb es den Gesetzen nach bis 1808. Allerdings gab es in Königsberg schon früh nicht wenig Fremde, die, wie erwähnt ist, den Handel nach auswärts vermittelten, aber sie waren, was die Wettordnungen von 1715, 1734 und 1755 anlangt, in ihrer Freiheit beengt. Unbeschränkte Handelsbefugnisse standen den Auswärtigen nur in den vier Jahrmarktswochen zu und zwar mit Waren, die über Scheffel und Wage gingen, sogar nur in den ersten drei Tagen.[2]) Dass viele von ihnen am Anfange des neunzehnten Jahrhunderts dauernd in den Städten weilten und Schutzverwandtenrechte erwerben und Handel treiben konnten, ohne Bürger werden zu müssen, war durchaus gegen die Gesetze. Es war teils eine Folge ihrer Unentbehrlichkeit und Klugheit, zum Teil wurde es durch die in den Wettordnungen von 1734 und 1755 verborgene Absicht geschaffen, die Zahl der Bürger durch mehrere den Fremden zugestandene Erleichterungen beim Erwerb des Bürgerrechtes zu vergrössern. Jeder Fremde, der eines Bürgers Witwe oder Tochter heiratete oder durch Erbschaft und Kauf Häuser und liegende Gründe an sich brachte, war verbunden, das Bürgerrecht zu erwerben,[3]) wobei „die Rechtlichkeit der Person" zur Zulassung ausschlaggebend war.[4]) Der Magistrat wurde sogar verpflichtet, Fremde, die vor Ablauf ihres Freijahres oder nach mehrmaliger Erlegung des Recognitionsgeldes Bürger werden wollten, unentgeltlich anzunehmen.[5]) In der Handlungsordnung von 1734, zu der die Liegerordnung von 1755 eine Ergänzung bildete, findet sich folgender Passus:[6]) „Jeder, er kann

---

1) K. St. A. Etatsminist. 74a. Königl. preuss. Reglement, was bey Annehmung der Kaufmannsburschen, Gesellen und handelnden Bürger, desgleichen wegen der fremden Negotianten auch handeltreibenden Mälzenbräuer in Königsberg i/Pr. beobachtet werden soll. Berlin 16. VI. 1755. Art. 3, § 7. Vgl. dazu Wett- und Liegerordnung von 1715, Art. 13, Wett- und Handlungsordnung von 1734, Tit. 2, § 1 und Landrecht von 1794, Teil II, Tit. 8, § 18.

2) Wettordnung von 1734, Art. 3, § 5. Landrecht von 1794, Teil II, Tit. 8, § 106—7. Baczko, Königsberg 1804, 230.

3) Wettordnung von 1734, Tit. 3, § 3.

4) Tit. 2, § 7.

5) Tit. 3, § 2.

6) Tit. 2, § 1.

fremd sein oder nicht, darf zum Grossbürgerrecht zugelassen werden." Wenn auch dieses Zugeständnis im Jahre 1755 beschränkt und der Nachweis eines Vermögens sowie genügender Kenntnisse für unbedingt erforderlich erachtet wurde,[1]) so dünkte doch den Kaufleuten, Mälzenbräuern und der Stadtverwaltung der Eingriff ungeheuerlich. Sie beriefen sich auf ihre Privilegien, laut denen sie ganz allein befugt waren, das Bürgerrecht zu verleihen und zu verweigern. Da die Regierung es bei der Ordnung von 1755 bewenden liess, versuchte man, den Fremden durch stillschweigendes Gewähren bei der Aneignung und Übertretung verbotener Handelszweige und Befugnisse die Lust zum Eindringen in das vom Staate preisgegebene Bürgertum zu benehmen. Im übrigen setzten die älteren Handlungsordnungen voraus, dass die Kaufleute — von den Liegern abgesehen — zur Zunft gehören müssten, und die Wett- und Liegerordnung der drei Städte Königsbergs von 1715 bestimmte noch, dass jeder, der „Handel und Wandel" treiben wollte, nicht nur das Bürgerrecht vom Magistrat erwerben, sondern auch bei einer der drei Kaufmannsgilden die Zunftgerechtigkeit erlangen sollte.[2]) Da brachte das Jahr 1734 mit seinem neuen Handelsgesetz eine andere Rechtsgrundlage, die den auf ihre Zünftigkeit pochenden Kaufleuten einen schweren Schlag versetzte. Jeder, so bestimmte die Wettordnung, der Grossbürger geworden war und damit das Recht auf „Handel und Wandel" erworben hatte, durfte zu Lande und zu Wasser mit allen Gütern handeln; wenn er sich mit dem Engrosbetrieb begnügte, d. h. nur zentnerweise, nach Fässern und Steinen kaufte und verkaufte, konnte er nicht gezwungen werden, die Gildegerechtigkeit einer der drei Kaufmannszünfte nachzusuchen.[3]) Nur in dem Falle, dass er nicht allein Packkammern und Magazine, sondern auch offene Läden, Buden und Speicher halten und scheffelweise[4]) handeln, sich also „des Handkaufes" bedienen wollte, musste er „nach erlangtem Grossbürgerrecht zuvörderst noch die Kaufmannszunft besonders gewinnen und sich deren Artikel gemäss bezeigen".[5]) Dadurch war die Möglichkeit gegeben, dass jemand Kauf-

---

1) Wettordnung von 1755, Art. 3, § 1—5. Nur dann, wenn ein Fremder mit einem Bürger Maskopie treibe, müsse er auf jeden Fall Bürger werden, damit nicht die schädlichen Durchstechereien im bürgerlichen Verkehr überhand nähmen (Art. 4, § 3).
2) Art. 13.
3) Wett- und Handlungsordnung von 1734, Tit. 2, Art. 2.
4) Tit. 4, Art. 1.
5) Wett- und Handlungsordnung von 1734, Tit. 2, Art. 2. Ferner K. Stdt. A. A, 247, Akta die Gerechtsame der hiesigen Grossbürger und deren

36 A. Die Einwohner der Städte und Freiheiten Königsberg i. Pr.

mann sein konnte, ohne Mitglied eines städtischen Standes zu werden. Die Junker[1]) der drei Städte erlitten damit eine gewaltige Einbusse ihrer Macht; es waren ihnen die Mittel genommen, den Kreis der Handlungsbeflissenen möglichst eng zu ziehen; der „numerus clausus" hatte aufgehört. Die Bestimmungen des Jahres 1755 änderten an der Freiheit vom Zunftzwange nichts Wesentliches,[2]) nur musste der unzünftige Grossbürger die Art seines Handels beim Wettgericht[3]) angeben, sich also auf eine bestimmte Branche

---

Unterschiede von den Kleinbürgern betreffend. Vgl. Meier, 227. Die Ansicht Baczkos, Königsberg 1804, 229, dass jeder Grossbürger Mitglied der Kaufmanns- oder Mälzenbräuerzunft werden musste, ist also unrichtig. Gleichfalls falsch ist die Meinung Leonhardis 1. 465.

1) Auf die Mälzenbräuer finden diese Bestimmungen keine Anwendung; wer die Braugerechtigkeit erlangen wollte, musste zünftig werden.
2) Handlungsordnung von 1755, Art. 3, § 9.
3) Im Anfang des 18. Jahrhunderts gab es für die 3 Städte 3 Wettgerichte. Massgebend war die Wett- und Liegerordnung von 1715, Art. 1. 1724 fand eine Kombination der 3 Wettgerichte statt. (Rathäusliches Reglement von 1724, Tit. 2, § 7. Über die Wettgerichte vor der Kombination s. Conrad, Rats- und Gerichtsverfassung von 1722, Altpr. Monatsschr. 24, 11). Das neue Wettgericht wurde begründet durch die Wett- und Liegerordnung vom 2. II. 1734. Durch die Deklaration vom 29. IV. 1783 wurde es aufgehoben und seine Befugnisse teils dem Stadtgericht, dem Magistrat, dem Patronenamt, teils der Polizei übertragen. (Bericht des Patronenamtes vom 30. XI. 1796 an den König. K. Stdt. A. A, 261 Magistratssachen, Patronenamt Nr. 2; ferner s. K. St. A. Oberlandesgerichtsregistratur Nr. 49 F. 937. K. 118, s. Hennig, 59.) Infolge der Gesuche der Kaufmannschaft vom 23. IV. 1787 und 28. I. 1790 wurde das Wettgericht durch das „Neue Wettgerichtsreglement vom 20. VI. 1792" wiederhergestellt (K. St. A. Oberlandesgerichtsregistratur Nr. 47, F. 937, K. 118. Vgl. Schneider, Hippel als Bürgermeister von Königsberg. Altpr. Monatsschr. 47, 562 ff.). Es bestand aus einem Syndikus des Magistrats, einem kaufmännischen Stadtrat, einem Mitglied des Stadtgerichts, einem kaufmännischen Assessor des Stadtgerichts, vier Deputierten der Kaufmannszünfte, einem rechtsgelehrten Sekretär, einem Registrator, einem Dolmetscher und einem Aufwärter. Durch Verfügung vom 14. VII. 1803 wurde die Zahl der Deputierten auf fünf erhöht und statt des einen Mitglieds vom Stadtgericht ein juristischer Stadtrat angestellt (vgl. Frommer, Anfänge und Entwickelung der Handelsgerichtsbarkeit in der Stadt Königsberg. Untersuch. z. deutsch. Staats- und Rechtsgesch. Breslau 1891, Heft 38, 23). Der Oberbürgermeister hatte die Aufsicht, der Syndikus das Präsidium; die kaufmännischen Mitglieder hatten bei Fragen rechtlicher Natur nur vota consultativa (Regl. v. 1792, Art. 12). Die Räte und kaufmännischen Assessoren erhielten keine Besoldung, sondern nur Sporteln. Das Wettgericht hatte nicht nur die Zivilrechtspflege, sondern war auch Organ der Strafrechtspflege (Wedde — alth. Busse) und hatten eine Menge Befug-

A. Die Einwohner der Städte und Freiheiten Königsberg i. Pr.

vorläufig beschränken, deren Erweiterung jedoch später nichts in den Weg gelegt werden durfte.[1]) Man erkennt leicht in dem Reglement von 1734 die Absichten Friedrich Wilhelms I., die auf Beseitigung monopolistischer Privilegien gerichtet waren und in derselben Weise auch in der Handwerksgesetzgebung jener Zeit zum Ausdruck kommen. Dahin gehört es, wenn die Berechtigung zum Erwerb des Grossbürgerrechts nicht mehr vom Wohnen im Gebiet der drei Städte abhängig gemacht wurde,[2]) sondern sich auch auf

---

nisse, die heute der Polizei zustehen, z. B. Kontrolle der Masse und Gewichte, Aufsicht über die Handlungsanstalten, Warentaxen. Konkurssachen und Schuldklagen blieben jedoch seit 1783 dem Stadtgericht unterworfen (Regl. von 1792, Art. 6). Arrestsachen richteten sich nach der Jurisdiktion, unter der der Schuldner stand (Art. 8). Prozesse über „gezogene kaufmännische Wechsel" gehörten vor das Commerzien- und Admiralitätskollegium (Fundierungsreglement für das Kollegium vom 5. II. 1783, K. St. A. Oberlandesgerichtsregistratur Nr. 48, F. 937 (K. 119). Art. 11. Vgl. Baczko, Königsberg 1804, 385). Streitigkeiten mit Gesellen und Lehrlingen gehörten vor das Patronenamt (Schreiben des Patronenamts vom 29. IV. 1805. K. St. A. Oberlandesgerichtsregistratur F. 981 K. 128). Berufungsinstanz des Wettgerichts für private Streitigkeiten aus dem Handel war das Commerzien- und Admiralitätskollegium, Revisionsinstanz das Oberrevisionskollegium. Für Handelskontraventionen war Berufungsinstanz die Ostpr. Kammerjustizdeputation (Regl. von 1792, Art. 7), Revisionsinstanz das Oberrevisionskollegium. Die dem Wettgericht vorgesetzte Behörde, das Ostpr. Kommerzien- und Admiralitätskollegium, war ebenfalls ein Handelsgericht. Bis 1783 war das Kommerzkollegium vom Admiralitätskollegium getrennt gewesen, das erstere war 1718, das letztere 1701 gestiftet worden (vgl. Baczko, Königsberg 1804, 277 und Hennig, 54). Die Zusammensetzung des Kollegiums war folgende: 1 Direktor und 5 Kommerzien- und Lizenträte; davon waren 3 kaufmännische Räte; ausserdem gehörten zum Kollegium 1 Sekretär, 1 Registrator, 1 Kanzlist, 2 Aufwärter (Regl. von 1783, Art. 1). Leonhardi, 474 gibt 8 Räte an, Baczko, Königsberg 1804, 279 gibt 4 kaufmännische Räte an. Die kaufmännischen Räte hatten in Rechtssachen nur vota consultativa (Art. 2) und einer von ihnen musste Schiffsrheder sein (Art. 3). Ressort des Kollegiums: Hafenpolizei, Maklerprüfung, Klagen über kaufmännisch gezogene Wechsel in erster Instanz, Streitigkeiten zwischen Seeschiffern und Kaufleuten und Havariesachen. Berufungsinstanz der Wettgerichte von Königsberg, Memel, Insterburg und Tilsit. Appellationsinstanz war das Oberrevisionskollegium in Berlin Revisionsinstanz das Generaldirektorium. War dagegen das Kollegium schon zweite, also Berufungsinstanz, so war dritte Instanz das Oberrevisionskollegium in Berlin (Art. 11 und 13).

1) Handlungsordnung von 1755, Art. 3, § 11.
2) Wettordnung von 1734, Tit. II, Art. 1.

die Bewohner der städtischen Freiheiten ausdehnte.[1]) In der Normierung der Höhe des Bürgergeldes, das an die Kämmerei entrichtet wurde, tritt dieselbe Erwägung zutage.[2]) Das Bürgergeld betrug zur Zeit der Städtevereinigung von 1724 für Grossbürger 25 Reichstaler, doch kamen zu dieser Abgabe noch bedeutende Sporteln und die Gebühren bei Erlangung des Zunftrechtes.[3]) Bevorzugt waren die Bürgersöhne, die laut einem Bericht des Magistrats an die Kriegs- und Domänenkammer vom 4. 4. 1733 nach „300jähriger Observanz" kein Bürgergeld zahlten.[4]) Von dem Bestreben geleitet, den Betrieb des Kaufmannsgewerbes nach Möglichkeit zu erleichtern, setzte ein Königliches Reskript vom 4. Oktober 1732 fest, dass als Bürgergeld nur 25 Reichstaler und für den Stempelbogen, auf dem das gewonnene Bürgerrecht attestiert wurde, 12 Groschen entrichtet werden sollten. Damit die Söhne der in den Städten Ansässigen nicht zu sehr vor den Fremden den Vorzug hätten, wurde durch Verordnung vom 21. September 1733 bestimmt, dass der Kaufmann- und Mälzenbräuersohn 2⅔ Reichstaler zum Bürgerrecht zu geben hätte.[5]) Die Bürgerschaft war mit diesen Anordnungen der Regierung keineswegs einverstanden, obwohl der Staat, um den Wünschen der Städte entgegenzukommen, nach den abschlägig beantworteten Eingaben der Jahre 1733 und 1738[6]) durch die Wettordnung von 1755 das Bürgergeld auf

---

1) K. Stdt. A. A, 247, Acta die Gerechtsame der hiesigen Grossbürger und deren Unterschied von den Kleinbürgern betreffend.

2) R. R. Acta über die Aufhebung des Bürgereides (1732—33): Königl. Reskr. vom 4. Okt. und 21. Okt. 1732, Eingabe der Zünfte und Gemeinden an den Magistrat vom 1. November und 17. November 1732. Königl. Reskr. an die Kriegs- und Domänenkammer vom 12. Mai 1733.

3) Wer in die Altstädtische Kaufmannszunft eintreten wollte, musste als Fremder 100 Gulden an die Zunftkasse entrichten, ausserdem noch 45 Gulden Gebühren (Zunftordnung der Altstädt. Kaufmannszunft vom 3. 2. 1677, § 11. (K. St. A., Kaufm. Arch. G. Nr. 26, vol. II). Diese Abgabe war nach 1734 nicht mehr nötig, da der Grossbürger nicht zünftig zu sein brauchte.

4) Der Magistrat übertrieb. In der Transaktion von 1620, § 8, wird noch bestimmt, dass ein Bürgersohn, der Bürger werden wollte, wenn er das Kaufmannsgewerbe zu betreiben begehrte, 8 Gulden, wenn er Mälzenbräuer wurde, 6 Gulden, und wenn er ein Handwerk zu treiben beabsichtigte, 4 Gulden geben müsste. Doch ist es möglich, dass diese Abgaben später nicht erhoben wurden.

5) K. Stdt. A. A, 247, Acta die Vereidigung der Bürger und Schutzverwandten betr. (1733—42).

6) K. Stdt. A. A, 92, Handlungssachen Nr. 17.

50 Reichstaler¹) erhöht hatte, von denen 25 Reichstaler wie bisher der Stadtkämmerei verbleiben, 20 Reichstaler zum Fond des neuangelegten Arbeitshauses fliessen und 5 Reichstaler der Königsbergischen „publiken Stadtbibliothek" zukommen sollten.²) Man fürchtete, dass durch eine Herabsetzung der bis dahin erforderlichen Aufwendungen der Grosshandel demokratisiert würde. Und ohne Zweifel bewogen die Zunftfreiheit und die geringen Abgaben viele jungen Leute, „die kaum die Kinderschuhe abgelegt hatten", ihren Brotherren zum Trotz und zur Konkurrenz sich zum Bürgerrechte anzugeben, zumal sie das nötige Geld gar nicht „ex propriis" zu haben brauchten, sondern von der Stadt eine langfristige „Dilatio" bekamen.³)

Die Klagen der Kaufmannschaft über den immer grösser werdenden Verfall des Bürgerrechts ziehen sich seit der Zeit Friedrich Wilhelms I. bis zur Städteordnung durch alle Verhandlungen der Grossbürger mit dem Magistrat und den staatlichen Behörden. Am 2. Dezember 1732 machte sich die Stadt zum Dolmetsch der durch das Reskript vom 4. 10. 1732 gekränkten Bürger und schrieb an das Etatsministerium, „das Bürgerrecht käme in nicht geringen Abfall, wenn solches für 25 Reichstaler allen conferiert, die Stadt auch bei solchem pretio mehr mit Hökern als mit guten Kaufleuten angefüllt werde, sintemalen die Handlung nicht von der Menge, sondern vom Reichtum, Ansehen und Verstande dependire".⁴) Am 5. 1. 1801 berichteten die Innungen an den Magistrat, obgleich unterdessen das Bürgerrechtsgeld auf das Doppelte erhöht war, „man müsse nicht vergessen, dass der allen offenbare Niedergang des Handels zum grossen Teil der Vergeudung von Privilegien zu verdanken sei, die ehemals schwer erkauft und zur Nahrung und Blüte eines kleinen Kreises bestimmt, jetzt für wenige Taler der Allgemeinheit offen ständen".⁵) An dieser Unzufriedenheit der Zünfte

---

1) Wettordnung von 1755 Art. 3, §§ 5—6. Die Bürgersöhne brauchten auch weiterhin nur 2⅔ Reichstaler zu zahlen. K. Stdt. A. A, 247, Acta die Gerechtsame der hiesigen Grossbürger und deren Unterschied von den Kleinbürgern betr. (1796).
2) „Damit solche letztere durch Anschaffung nützlicher Bücher, insonderheit solcher, die das Commercium und die Manufakturen betreffen, verbessert werden könne, um denen jungen Leuten, die sich dem Handlungsnegotio widmen, Gelegenheit zu geben, etwas gründliches zu lernen." Art. 3, § 6.
3) K. Stdt. A. A, 92, Handlungssachen Nr. 17.
4) R. R. 18, Bürgersachen Nr. 5.
5) R. R. 7, Bürgersachen Nr. 12, vol. III.

änderte auch wenig der die Bestimmungen der Wettordnung von 1734 einschränkende Passus: jeder, der sich zum Grossbürgerrecht meldete, müsste durch eine Prüfung seine Kenntnisse und Fähigkeiten dartun[1]) und nachweisen, dass er „etwas an Vermögen zu erwarten habe" und mit andern Bürgern in Maskopie getreten sei.[2]) Der immer wieder erhobenen Forderung auf Einführung des Zunftzwanges wurde aber nicht stattgegeben;[3]) auch im Landrecht von 1794,[4]) das bestimmte, an Orten, wo Innungen bestehen, hat nur der die Rechte eines Kaufmanns, welcher darin aufgenommen, bildete Königsberg eine Ausnahme. Die Wettordnung von 1734 blieb bis zur grossen Reorganisation die rechtliche Grundlage für die Existenz nichtzünftiger Grossbürger, die den zünftigen nur geringe Vorteile wahrte, besonders das Recht auf den Detailhandel.

Um die Wende des 19. Jahrhunderts musste der Bewerber um das Grossbürgerrecht sich zuerst bei dem Oberbürgermeister angeben,[5]) der die Verhältnisse genau prüfte, denn seit den grossen Erleichterungen von 1734 bei Erlangung des Bürgerrechtes und bei dem Andrang der Bewerber[6]) hatte der Magistrat des öfteren den Gilden die Versicherung gegeben, dass nur in ganz dringenden Fällen, wenn der betreffende Handelszweig die Bewilligung unbedenklich mache, an Fremde das Bürgerrecht ohne Schwierigkeit erteilt würde.[7]) In der Regel conferierte die Stadtverwaltung, die über die Anwendung der Ordnungen von 1734 und 1755 sich niemals die freie Anschauung der Regierung angeeignet hatte, sobald ein Gesuch einlief, im geheimen mit den Zünften,[8]) ob ihnen eine Annahme genehm wäre. Alsdann wurde der Kandidat

---

1) Wettordnung von 1755, Art. 3, § 3—6.
2) Es sollen also nur in Frage kommen, die schon oft mit Grossbürgern als Handlungsgehilfen oder als befreundete Lieger Handel getrieben und eine gewisse Selbständigkeit erlangt haben.
3) Art. 3, § 9.
4) Teil II, Tit. 8, § 418.
5) Wettordnung von 1755, Art. 3, § 3.
6) Von 34 Grossbürgern, die 1806 angenommen wurden, waren 30 Kaufleute und nur 3 Brauer. K. Stdt. A. A. 252. Bürgerbuch, 1796—1809, 336 ff.
7) Schreiben der Stadt an die Kaufmanns- und Mälzenbräuerzünfte vom 25. 8. 1785. K. St. A., Kaufm. Arch., G. Nr. 26, vol. II.
8) Die Mälzenbräuer scheiden natürlich aus, denn wer nicht Aussichten hatte, in die Zunft zu kommen, (und die hatte nur der, welcher ein Brauhaus kaufte oder erbte), wurde nicht Grossbürger. Die Erleichterung von 1734 betraf allein die Kaufleute.

A. Die Einwohner der Städte und Freiheiten Königsberg i. Pr. 41

dem Patronenamt[1]) zur Prüfung überwiesen.[2]) Der Oberbürgermeister als Vorsitzender und zwei handelsverständige Assessoren, zu denen, wenn ein französischer Kolonist in Frage kam, sich noch der Richter oder in seiner Vertretung ein Beisitzer des französischen Gerichts gesellte,[3]) hielten ein Examen über die Handelskenntnisse und eine Untersuchung der Vermögenszustände des Bewerbers ab und berichteten darüber an den Magistrat.[4]) Über die erlangte Approbation wies der angehende Bürger dem Stadtpräsidenten ein Attest vor und nach Erlegung des Bürgerrechtsgeldes[5]) und der Gebühren[6]) wurde ihm von einem Stadtsekretär der Eid abgenommen.[7]) Vorher musste er jedoch genau die Branche angeben, in der er zu handeln gedachte, deren Erweiterung allerdings

---

1) Das Patronen- oder Oberbürgermeisterliche Amt, fundiert durch das rathäusl. Regl. von 1783, Sekt. III, § 1, hatte die Oberaufsicht über die zünftigen Kaufleute, Mälzenbräuer, Chirurgen, Gold- und Silberarbeiter, Buchbinder, Bernsteindreher, Mahler, Höker, Mittelbrückfischer, „Setzschipper, Güldenschipper" und die Regelung interner Innungsstreitigkeiten, besonders Überwachung der Amtsführung der Elternleute. Präses war der Oberbürgermeister, Beisitzer zwei Kaufleute; ausserdem gehörten dazu ein Sekretär, ein Registrator, ein Aufwärter (R. R. 480, Kämmereisachen, Generalia Nr. 0). Ferner besass das Amt eine gewisse Gerichtsbarkeit. Vor sein Forum gehörten ausser der Prüfung der Kaufgesellen und Burschen und der Erteilung von Handlungskonzessionen (Bericht des Amtes vom 30. 11. 1796, K. Stdt. A. A, 261, Magistratssachen, Patronenamt Nr. 2) die Streitigkeiten zwischen Meistern und Lehrlingen, z. B. Beleidigungsklagen und die Kontrolle über die Lehrlingserziehung. (Schreiben des Amtes vom 29. 4. 1805, K. St. A., Oberlandesgerichtsregistratur F. 981, K. 128.) Die Appellation vom Patronenamt ging ans Magistratskollegium (Spezialbefehl vom 15. 9. 1783, K. Stdt. A. A, 261, Magistratssachen, Patronenamt Nr. 2). Revisionsinstanz war die Kriegs- und Domänenkammer (Baczko, Königsberg 1804, 292 ff.; Leonhardi 1, 478).
2) Bis 1783 hat das Wettgericht die Prüfung der angehenden Kaufleute. In diesem Jahre wurde das Wettgericht mit dem Stadtgericht vereint und die Prüfung fiel dem Oberbürgermeister zu. Als am 20. Juni 1792 das Wettgericht erneuert wurde, behielt der Oberbürgermeister die Disposition über die angehenden Bürger.
3) Wettordnung von 1755, Art. 3, § 10.
4) Wettordnung v. 1755, Art. 3, § 3—5.
5) Art. 3, § 6. Frei von Erlegung des Bürgerrechtsgeldes waren die invaliden Soldaten, französische Kolonisten und Proselyten.
6) Die Magistratssportelordnung, Berlin, 13. September 1783 verfügte, dass für die Vereidigung 1 bis 1⅓ Taler und für den Bürgerbrief 2 Taler entrichtet werden sollten. K. St. A. Oberlandesgerichtsregistratur F. 891, K. 128.
7) Wettordnung v. 1755, Art. 3, § 7. 1503 wurde zum ersten Male der Eid angeordnet: „Keinem soll fortan Bürgerrecht gegeben werden, er thue

später keine Schwierigkeiten machte.¹) In gleicher Weise Formsache war der Kommissionseid, der nach 1755 im Bürgereid enthalten war²) und an den sich niemand gebunden fühlte. Die Refugiés schworen vor dem französischen Gericht,³) und den Mennoniten war statt der Eidesleistung der in den Generalstaaten gebräuchliche Handschlag erlaubt. Alsdann deponierte der Unverheiratete bei der Kämmereikasse das Buhlengeld im Betrage von 25 Reichstalern,⁴) eine Abgabe, die, wenn der Bürger binnen Jahresfrist heiratete, zurückgezahlt wurde, im andern Falle aber der Armenkasse zufiel.⁵) Nach dem Schwur begab sich der neue

---

denn vor dem Rath einen Eyd, der Herrschaft und ihren Nachkommen undt dess Ordens Land dem Orden getrew undt holdt zu sein undt dem Rath gehorsamb."

1) Art. 3, § 11.
2) Art. 3, § 7.
3) Art. 3, § 10. Vgl. Spezialbefehl vom 15. 5. 1733. K. St. A. Kaufm. Arch. B, Nr. 27, vol. I.
4) K. Stdt. A. A, 247. Acta die Gerechtsame der Grossbürger und deren Unterschied von den Kleinbürgern betreffend. Vgl. Baczko, Königsberg 1787, 307 und Königsberg 1804, 231; Leonhardi 1, 465.
5) Stephanus Waga führt im Erläut. Preussen 5, 403 ff. die Entstehung dieser Junggesellensteuer auf die den Städten 1394 gegebene und 1420 renovierte Willkür zurück, eine Ansicht, der auch Frischbier in seinem Wörterbuch 1, 116 beipflichtet. In dieser Stadtordnung (Art. 4) ist es ledigen Leuten verboten, Bürger zu werden und Gewerbe zu treiben. Dieser Artikel wurde in die verschiedensten Zunftrollen z. B. in die der Altstädtischen Mälzenbräuer (von 1670, Art. 2 und 1717, Art. 2), der Löbenichtschen Mälzenbräuer (von 1622 und 1644, vgl. Erl. Preussen 5, 418 Anm. und K. Stdt. A. A, 84 Brausachen Nr. 11 und Nr. 33), der Kneiphöfschen Mälzenbräuer (vom 14. Juli 1665, Art. 14. Vgl. K. St. A. Kaufm. Arch. B, Nr. 11, vol. 1), der Goldschmiede (K. St. A. Etatsm. 81c, 2. Zunftordnung vom 23. 5. 1690, Art. 12), der Bernsteindreher (Zunftordnung von 1701, § 21, K. St. A. Etatsm. 81c, 2) und der Gildefischer (Zunftordnung von 1662, Art. 4, K. St. A. Etatsm. 81c, 2) aufgenommen. Später schwächte man diese rigorose Massregel ab, indem man den Unverheirateten wenigstens eine verhältnismässig grosse Abgabe aufbürdete. Doch scheint diese Steuer zeitweilig ausser Kraft gesetzt worden zu sein. Denn bei den Altstädtischen Mälzenbräuern wird sie erst 1713 wieder üblich (K. St. A. Kaufm. Arch. B. Nr. 11, vol. I) und wenn auch Waga, 420 angibt, dass ein Reglement für das Armenwesen vom 24. 7. 1728 und ein Reskript vom 4. 11. 1733 das Buhlengeld auf 25—50 Gulden festsetzte, so war die Einziehung, wie ein Brief vom 13. 12. 1756 an den Magistrat ausdrücklich erklärt, K. St. A. Kaufm. Arch. B, Nr. 11, vol. I) nur bei den Altstädtischen und Kneiphöfschen Mälzenbräuern, sonst bei keiner Grossbürgergilde gebräuchlich. Das Geld wurde bei der Zunftkasse deponiert. Erst gegen Ende des 18. Jahrh. hat die Stadt sich diese Geldquelle gesichert, verallgemeinert und auf 25 Reichstaler normiert.

A. Die Einwohner der Städte und Freiheiten Königsberg i. Pr. 43

Grossbürger zum Wettgericht — er war zu persönlichem Erscheinen verpflichtet — und liess sich mit der Art seiner Handlung in das ausliegende Bürgerbuch einschreiben.[1]) Über das Verfahren musste dann der Magistrat laut Verfügung vom 5. 8. 1781 an die Kriegs- und Domänenkammer berichten.[2])

Es sei hierbei bemerkt, dass die Gesetze über die Zulassung zum Bürgerrecht ausser für die Anhänger des lutherischen, deutsch-französisch und polnisch-reformierten Glaubens auch für die römischen Katholiken und für die Herrnhuter und Mennoniten, für die letzteren seit 1740, uneingeschränkt galten.

In der Ausübung ihrer Bürgerrechte waren die Mennoniten insofern beschränkt, als sie bei Inanspruchnahme der ihnen durch die Deklaration vom 14. 8. 1740 und das Kanton-Reglement vom 12. 2. 1792 § 28 zugestandenen Kantonfreiheit seit der Deklaration vom 17. 12. 1801[3]) keinen neuen Grundbesitz erwerben durften.[4]) Dadurch war der § 11 des sonst massgebenden allgemeinen Mennonitenedikts vom 30. 7. 1789 ausser Kraft gesetzt,[5]) laut dem ihnen Grundbesitz gestattet worden war, wenn durch die Höhe des Kaufpreises oder durch die Abtretung eines Teils des entstandenen Grundstücks die Gewähr für Erhaltung der alten kriegstüchtigen Familien gegeben war. Ausserdem mussten sie neben den üblichen bürgerlichen Lasten einen Beitrag zum Culmischen Kadettenhaus zahlen, der durch das Patent vom 29. 3. 1780 für die Mennoniten in Ost-, Westpreussen und Litauen insgesamt auf 5000 Reichstaler normiert war und für die Königsberger 90 Reichstaler 57 polnische Groschen betrug.[6])

---

1) Wettordnung v. 1755 Art. 3, § 8.
2) Art. 3, § 3.
3) § 7. R. R. 538. Mennonitensachen Nr. 1.
4) Trotzdem waren 1803 in ihrem Besitz 31 Gründe. R. R. 422. Militaria. Kantonsachen Nr. 8.
5) R. R. 538. Mennonitensachen Nr. 1.
6) Nach dem Bescheid des Generaldirektoriums an die Kammer, 26. 6. 1735 (Generaldirektorium. Ostpreussen und Litauen. Tit. XCI. Geh. Staatsarchiv zu Berlin. Ferner K. Stdt. A. A, 178. Mennonitensachen Nr. 4) war den Mennoniten freigestellt, Bürger zu werden gegen Erlegung des doppelten Satzes oder Schutzverwandte zu bleiben und Nahrungsgeld zu zahlen. Seit der Deklaration vom 14. 8. 1740, die durch Reskript vom 19. 12. 1740 und 9. 4. 1742 erneuert wurde, konnten die Mennoniten unter denselben Bedingungen wie die andern Bürger zum Bürgerrechte zugelassen werden. Am 13. 10. 1804 waren in Königsberg 27 verheiratete Männer, 2 unverheiratete, 3 Witwer, 37 Knaben, 8 Gesellen und 3 Lehrlinge, 11 unverheiratete Frauen, 27 verheiratete, 6 Witwen, 30 Mädchen, 4 Mägde. K. St.

Den römischen Katholiken war die Bekleidung von Ämtern und Ehrenämtern laut Resolution vom 5. Mai 1786 nur dann gestattet, wenn die in Frage kommenden Kollegien in der Mehrzahl mit Beamten evangelischen Bekenntnisses besetzt waren. Diese Bestimmung bedeutete eine Milderung des Traktates von Warschau vom 18. September 1773, der die im Wehlauer Vertrage ausbedungene Gleichberechtigung der Katholiken mit den Evangelischen aufgehoben hatte.[1]

Die Zahl der Grossbürgerfamilien in Königsberg bewegt sich von 1785 bis 1802 zwischen 800 und 850.[2] Dank der Geschlossenheit von Magistrat und Zünften überstieg die Annahme neuer Bewerber den jährlichen Abgang nur um wenige.[3] Indessen die alte nach aussenhin stets vertretene Ansicht, dass zünftige Grossbürger nur dem Handels- oder Braugewerbe angehören oder wenigstens Mitglieder einer Familie sein müssten, die auf diesen Berufszweigen fundiert war, bestand nur noch in der Fiktion. Noch ehe im Wettreglement von 1734 der Grundsatz ausgesprochen worden war, dass jedem der Eintritt in den Stand der Grossbürger möglich wäre, also auch ein Übergang aus dem Kleinbürgerstande,[4] beantragten die 1729 und 1733 zurückgewiesenen Gewerke der Gold- und Silberschmiede[5] und der Chirurgen ihre Erhebung zu Grossbürgern. Der Widerstand der Zünfte wurde durch den Spezialbefehl vom 2. 2. 1734 vernichtet. Notgedrungen errichtete man gleichsam einen

---

A. A, 178. Mennonitensachen Nr. 4, A, 25. Finanzsachen Nr. 29. R. R. 371. Judensachen Nr. 7, R. R. 538. Mennonitensachen Nr. 1, Baczko, Königsberg 1804, 237, Leonhardi 1, 466, Randt, Die Mennoniten in Ostpreussen usw. Königsberg 1912, 81.

1) Baczko, Königsberg 1804, 235. Leonhardi 1, 466.

2) K. Stdt. A. A, 25. Finanztaschenbücher Nr. 21—29. Am 1. Oktober 1785 waren in Königsberg 815 Grossbürger, 1790: 810, 1795: 825, 1797: 839, 1798: 816, 1799: 828, 1800: 834, 1801: 838, 1802: 846.

3) 1798 wurden 23 Grossbürger angenommen, 37 gingen ab, 1800: 35 und 29, 1802: 32 und 24, 1804: 41 und 25, 1805: 39 und 30, 1806: 34 und 15.

4) Wohl war die Möglichkeit, dass ein Handwerker Grossbürger werden könne, schon in den Zunftordnungen der Löbenichtschen Kaufmannszunft von 1678, Art. 13 (K. St. A. Kaufm. Arch. Sonstige Bestände Nr. 15) gegen eine Erlegung von 200 Mark preuss. Zunftrechtsgeld und in der Kneiphöfschen vom 16. 3. 1648, Art. 13 (Sonstige Bestände Nr. 16) gegen eine Einzahlung von 200 Reichstalern ausgesprochen, aber nie in Anwendung gebracht worden. In der Wettordnung von 1734, Tit. 2, § 1, § 7 wurde festgesetzt, dass der Kleinbürger, wenn er sich zum Grossbürgerrecht meldete, die Differenz des Bürgerrechts zu zahlen hätte.

5) 1806/7 waren in Königsberg 20 Meister, 21 Gesellen, 14 Jungen (K. Stdt. A. A, 80 Gewerbesachen. Generalia Nr. 22).

Grossbürgerstand zweiter Klasse, dem das Recht zum Brauen und zum Handel en gros und en detail nicht gestattet wurde,[1]) da seine Mitglieder keine gelernten Kaufleute waren. Der zugestandene Titel stellte „allein im Effekt eine Distinktion gegen die übrigen Kleinbürger dar."[2]) Diese Beschränkung blieb Brauch für alle Eintritt heischenden Handwerksmeister.[3]) Um nicht die Zahl der im Gegensatz zu den Gilden stehenden unzünftigen Grossbürger zu vermehren, nahm man sie, die ihr Gewerbe ungehindert weiter trieben, zum Schein in die Kaufmannszünfte auf.[4]) So suchte man die auf Vernichtung der Privilegien hinzielenden Anordnungen des Staates in ihrer Wirkung abzuschwächen und die schon fortgeschrittene Zersetzung nach aussen zu „kaschieren" und „vergass ganz, dass die mit den alten Ideen und den in den Kaufmannszünften üblichen Traditionen nicht übereinstimmenden anders interessierten Emporkömmlinge als Fremdkörper zerspaltend für die ehemalige Geschlossenheit und dem Ansehen schädlich sein mussten".[5])

b) Die Kleinbürger.

Als Rechtsgrundlage für den vierten der städtischen Stände, die Kleinbürger, galt zur Zeit der Jahrhundertwende in Königsberg die Handwerksordnung des Königreichs Preussen d. d. Berlin vom 10. Juni 1733, die dem kurz vorher erlassenen Reichsgesetze von 1731 nachgebildet war[6])[7]) und bis 1806 nicht wesentlich verändert worden ist. Bis 1733 hatte der grössere Teil der Handwerker nicht das Bürgerrecht besessen, sondern den Schutzverwandten angehört und hatte das Rauchgeld oder auf den Freiheiten das

---

1) Damit stimmte auch die Wettordnung von 1755 überein, die nur gelernten Kaufleuten den Zutritt gestattete. Art. 3, §§ 1—5.
2) K. St. A. Kaufm. Arch. G, Nr. 26, vol. 1. K. Stdt. A. A, 247. Acta die Gerechtsame der hiesigen Grossbürger und deren Unterschied von den Kleinbürgern betr. (1796).
3) Natürlich wurde diesen Gesuchen erst nach langen Kämpfen und Verhandlungen Folge gegeben. Vgl. das Gesuch des Feldwebels Riese von 1784 in G. Nr. 26, vol. 2.
4) Baczko, Königsberg 1787, 306, Königsberg 1804, 229, Leonhardi 1, 465.
5) Schreiben eines Eltermanns vom 4. 4. 1797 an den Magistrat R. R. 330, Mäklersachen Nr. 4, vol. 3.
6) K. St. A. Etatsm. 132e.
7) Schmoller, Das brandenburg-preussische Innungswesen von 1640 bis 1806, Forsch. z. Brand.-Preuss. Gesch. 1, 339.

Scharwerksgeld bezahlt.[1]) Nach dem neuen Gesetze dagegen musste jeder Gewerbetreibende das Bürgerrecht erwerben;[2]) diese Bestimmung wurde auch in das Landrecht von 1794 übernommen.[3]) An der in den alten Zunftordnungen begründeten Verpflichtung, zugleich das Meister- und Innungsrecht zu erlangen, änderte die Handwerksordnung nichts.[4]) Auch die Gesetzgebung von 1794 wollte noch diese Bedingung nach Kräften erfüllt wissen;[5]) da aber die Zahl der unzünftigen Gewerbe, die um 1733 die Ausnahme gebildet hatten, im Laufe der Zeit sehr gross geworden war, so konnte den angehenden Bürgern der Anschluss an sie nicht mehr versagt werden.[6]) Die Stadtverwaltung achtete jedoch streng darauf, dass der Bewerber, wenn für sein Handwerk eine Zunft in der Stadt bestand, vor Erteilung des Bürgerrechtes diese ebenfalls „heischte", und wies die Gesuche der in den privilegierten Häusern wohnenden Gewerbetreibenden, die nach den Vorrechten ihrer Jurisdiktionsherren[7]) die Gildegerechtigkeit nicht zu erlangen brauchten, ständig zurück.[8]) Wohl aber wurden schon unter Friedrich Wilhelm I. die bis dahin erheblichen Kosten, die mit den Gebühren sich bei einzelnen Gewerken auf 35—50 Reichstaler beliefen, vermindert und durch diese Erleichterung bei Erlangung der Bürgerwürde der Zugang auch den Ärmeren erschlossen.

Durch den Erlass vom 4. Oktober 1732 wurden die Handwerker Königsbergs in zwei Klassen eingeteilt. Die erste sollte 10 Reichstaler, die zweite 5 Reichstaler Bürgerrechtsgeld zahlen.

---

1) Da das Rauchgeld etwa 300 Reichstaler das Jahr einbrachte, und man zweifelte, ob das Bürgerrechtsgeld auch soviel der Kämmerei abwerfen würde, bestimmte noch ein Reskript vom 12. 5. 1733, dass die Handwerker, welche bisher Rauchgeld gezahlt hätten, zwischen diesem und dem Bürgerrechtsgeld die Wahl haben sollten. R. R. Acta die Aufhebung des Bürgereids betr. 1732/33. K. Stdt. A. A. 247. Die Vereidigung der Bürger und Schutzverwandten betr. 1733—42.

2) Teil II, Tit. 8, § 18.

3) Handwerksordnung von 1733, Art. 45. Vgl. Wilhelmi, Kurze Abhandlung über das Recht der Handwerker. Königsberg 1750. 15. § 46.

4) Landrecht von 1794, II, Tit. 8, § 181.

5) Teil II, Tit. 8, § 179.

6) K. St. A. Etatsm. 71, 3. Wegen der Privilegien und Konzessionen der 10 Jurisdiktionsherren in Königsberg und Wilhelmi, 14, § 41.

7) Schreiben des Magistrats an den Altstädt. Gemeindeältesten vom 3. 7. 1797. R. R. 205, Kämmereikassensachen. Hausvogteisachen Nr. 24, vol. 2.

8) R. R. Acta über die Aufhebung des Bürgereides. 1732/33 und R. R. 18, Bürgersachen Nr. 15.

A. Die Einwohner der Städte und Freiheiten Königsberg i. Pr.

Die Entscheidungen der Kriegs- und Domänenkammer vom 5. und 8. August 1733 zählten die Goldschmiede und Chirurgen, die dann bald zu Grossbürgern aufrückten, die Kupfer-, Huf- und Waffenschmiede, Bäcker, Fleischer, Branntweinbrenner und Destillierer, Weiss- und Rotgerber, ferner die Färber, Buchbinder, Reifschläger, Höker, Künstler und Professionisten zur Stufe der Wohlhabenderen, während der Rest der Kleinbürgerschaft zu dem geringeren Satz geschätzt wurde.[1]

Die Handwerksordnung setzte als Maximum 10 Reichstaler fest,[2] schaffte die grossen nicht einheitlich normierten Sporteln bei dem Geschäftsgang und der Eidesleistung ab[3] [4] und bestimmte sogar, dass invaliden Soldaten,[5] fremden Kolonisten[6] und denen, die eine wüste Stelle bebauen wollten, freies Bürgerrecht gegeben werden sollte. Die Leistung für Kleinbürgersöhne wurde ermässigt; sie zahlten von 1734—1806 nur $1\tfrac{2}{3}$ Reichstaler.[7] In der folgenden Zeit bis zur Neuordnung des Städtewesens wurde es sogar üblich, dass die, welche das Bürgerrechtsgeld nicht sofort erlegen konnten, eine Dilation, die auf 6 Jahre ausgedehnt werden durfte, bekamen.[8] Trotz dieser günstigen Bedingungen war der Andrang zum Kleinbürgertum nicht gross. Der Bestand vergrösserte sich um die Wende des Jahrhunderts von 1792 bis 1802 nur um ca. 200 Personen.[9] Das lag zum Teil an der ablehnenden Haltung des Magistrats.

Vergleicht man die Stellung der Gross- und Kleinbürger miteinander, so ist die Bevorzugung, deren sich die ersteren, abge-

---

1) R. R. Acta über die Aufhebung des Bürgereides. 1732/33 und R. R. 18, Bürgersachen Nr. 15.

2) Handwerksordnung von 1733, Art. 8. Vgl. Wilhelmi, 11, § 35.

3) Der Eid war derselbe, wie der der Grossbürger und wurde von den französischen Kolonisten vor dem französischen Gericht abgelegt.

4) Für die Vereidigung wurden 12—16 Groschen, für den Bürgerbrief 16 Groschen erhoben. Magistratssportel-Ordnung vom 13. 9. 1783. K. St. A. Oberlandesgerichtsregistratur F. 981. K. 128.

5) Wilhelmi, 11, § 36.

6) Schmoller in den Forschungen 1, 355. Rohrscheidt, Vom Zunftzwange zur Gewerbefreiheit, 153.

7) Schreiben vom 21. 9. 1733. K. Stdt. A. A, 247. Acta die Vereidigung der Bürger und Schutzverwandten betr. 1733—42. Vgl. A, 252. Bürgerbuch, 1746—1809, 336 ff.

8) Aus einem Schreiben der Kammer vom 10. 10. 1788. K. St. A. Kaufm. Arch. G, Nr. 26, vol. 2.

9) K. Stdt. A. A, 25. Finanztaschenbücher Nr. 21—29. In Königsberg sind 1797: 2661 Kleinbürger, 1798: 2713, 1799: 2773, 1800: 2758, 1801: 2811, 1802: 2857.

sehen von den gesetzlichen Ordnungen, die ihnen das Brauen und den Handel mit Fremden und Einwohnern der Städte und die Fabrikation vorbehielten und den Kleinbürgern nur das Hökern mit Bürgern und eigenen Waren in beschränkter Weise gestatteten, noch bedeutend in einer Stadt, in der die Schriften der französischen Revolution eifrig studiert und erörtert wurden. Selbst Vertreter der Behörden, wie der Bürgermeister und Kriegsrat Lilienthal verurteilten in den Akten den Unterschied und wollten nur die persönlichen Verdienste oder allenfalls noch die Anciennität gelten lassen.[1]) Zwar wurden Vertreter des Kleinbürgerstandes zur Abschätzung von Brandschäden, Feuerangelegenheiten, Servis- und Quartiersachen hinzugezogen, aber doch nur deshalb, weil Magistrat, Kaufleute und Mälzenbräuer diese grossen Gebiete, zu deren Bewältigung viele Menschen gehörten, nicht allein bearbeiten konnten und die wenigsten von ihnen sich diesen Mühen zu unterziehen bereit waren. Ausserdem durften sie Kapitän- und Offizierstellen in der Bürgerwehr bekleiden und Vormundschaften übernehmen. Ihr Stimmrecht bei der Wahl der Vorstände und Geistlichen der städtischen Kirchen war illusorisch, denn die ganze Kleinbürgerschaft mit 2857 Mitgliedern hatte nur eine Stimme, während 846 Grossbürgerfamilien deren zwei besassen und zusammen mit der des Magistrats und des Stadtgerichts stets die erforderliche Majorität bilden konnten.[2])

Als einziges Zugeständnis scheinen sich die Grossbürger des Rechtes, bei Begräbnissen einen Leichenwagen benutzen zu dürfen, nach 1803 zugunsten der Gewerke begeben zu haben.[3]) Bis zur Städteordnung wurden ohne Einschränkung noch stets die den Bürgern vorbehaltenen Stellen beim Stadtgericht, Wettgericht, Braukollegium, Patronenamt, Fabrikengericht, Commerz- und Admiralitätskollegium aus den Reihen der Grossbürger besetzt. Sie allein hatten das Vorschlagsrecht bei Anstellung der Makler, Wäger, Braker,[4]) Kran-

---

1) Vgl. dazu und für das Folgende K. Stdt. A. A, 247. Acta die Gerechtsame der hiesigen Grossbürger und deren Unterschied von den Kleinbürgern betr. 1796.

2) Rathäusl. Regl. von 1783, Sekt. II, § 2. Im Ganzen werden 5 Stimmen abgegeben; 2 der Grosszünfte, 1 der Kleinbürger, 1 des Stadtgerichts und 1 des Magistrats. Vgl. Baczko, Königsberg 1787, 308; Königsberg 1804, 232, Leonhardi 1, 465 ff.

3) 1803 hatten das Recht nur die Grossbürger. Baczko, Königsberg 1804, 230.

4) Bracke: Ausschuss, fehlerhafte Ware. Frischbier 1, 101.

meister, Scheffelmeister und der andern Belehnten in den Handlungsanstalten;[1]) nur sie wurden Vorstandsmitglieder der Pauperhäuser, des St. Georgenhospitals, der milden Stiftungen und hatten auf deren Gestaltung Einfluss. Allerdings versuchte bisweilen der Magistrat, wenn er im Gegensatz zu den Grossgilden stand und ihm daran lag, einen grossen Teil der Einwohner auf seiner Seite zu haben, die Gemeindeältesten, die Vertreter der Kleinbürgerschaft, gegen die Zünfte auszuspielen; aber da er durch seine Zusammensetzung zu sehr an diesen Stand gebunden war und die Wohlhabenheit der Stadt damals allein auf dem Gewerbe der Grossbürger beruhte, so kehrte er stets wieder zu seiner alten Vorliebe zurück, bis der unglückliche Krieg eine Umwertung der bestehenden Verhältnisse brachte.

B. Das Gewerbe.

I. Die Kaufleute.

Vier Jahrhunderte hindurch hatte die Zunft der Kaufleute zusammen mit den Mälzenbräuern — letztere allerdings nur beschränkt — den Handel unbestritten besessen, aber die überhandnehmende Neigung zur Bequemlichkeit liess ihren Händen die Zügel entgleiten. Im Laufe des 18. Jahrhunderts hörte das Volk auf, mit dem Worte „Kaufmann" allein das Gildemitglied zu bezeichnen; denn die Zahl der Nichtzünftigen nahm jährlich zu.

Um 1806 gehörten zur Kaufmannschaft der drei Städte Königsberg:[2]) 1. die Kaufmannszünfte mit dem Rechte auf den Handel en gros und en detail. Sie hatten noch immer die Majorität.[3])

---

1) Baczko, Königsberg 1787, 307, Königsberg 1804, 230. Leonhardi 1, 465.

2) Schreiben an den König vom 15. 2. 1808. K. St. A. Kaufm. Arch. Lit. V, Nr. 29, vol. 2. Baczko, Königsberg 1787, 490 ff. Königsberg 1804, 378 ff. Leonhardi 1, 519 ff.

3) Es gab in Königsberg 1804 von Handeltreibenden insgesamt 492 Meister mit 432 Gesellen und 345 Jungen mit 657 Speichern (K. Stdt. A. A, 25 Taschenbücher Nr. 29). Von diesen waren Grosshändler: die Kran- und Speicherhändler, die mit Rohprodukten (Getreide, Leinsamen, Hanf) en gros handelten, die Holz-, Pelz-, Weinhändler, die Grosshändler in Fabrik und Manufaktur- und Materialwaren, die Buchhändler, Schiffsreeder, Wechsel- und Spezieshändler. (Adressbuch der Kaufleute von 1790. Baczko, Königsberg 1787, 490, Königsberg 1804, 378. Leonhardi 1, 519.) Ihre Zahl belief sich auf 236 Meister mit 178 Gesellen und 136 Jungen. Die Detail-

aber die Mehrheit lag nur dem Kleinhandel ob. 2. Diejenigen Mälzenbräuer, welche ausser der Braunahrung noch Handel trieben. Nach einem alten, zwischen den Zünften der Kaufleute und Mälzenbräuer getroffenen Übereinkommen genossen die letzteren, ohne die Kaufmannszunft gewinnen zu müssen, die Rechte der Kaufleute in der Mehrzahl der Branchen. Das Reglement von 1755[1]) schränkte aber diesen Vorzug ein und bestimmte im Gegensatz zu der noch geltenden Wettordnung von 1734, die allen Grossbürgern volle Handelsfreiheit gewährt hatte,[2]) dass den Mälzenbräuern nur noch der Kauf und Verkauf von Gerste, Hopfen, Malz und Getreide gestattet würde. 3. Die nichtzünftigen Grossbürger, die seit 1734 von den Gilden streng geschieden wurden, aber neben dem Recht auf den Grosshandel auch an allen städtischen Handelsprivilegien Anteil hatten, zum Unterschied von der vierten Gruppe der Kaufleute, den notwendig geduldeten Liegern, denen nur das Recht von „Handlangern", nämlich allein der Verkauf an die Bürger zugestanden wurde. 4. Endlich gehörten zu den Kaufleuten noch die Personen, die durch staatliche[3]) oder städtische[4]) Konzessionen

---

händler (Krämer) zählten 256 Meister, 274 Gesellen, 209 Jungen. Davon waren Eisenkrämer: 35 M., 30 G., 31 J. Gewürzkrämer: 122 M., 133 G., 92 J. Leinwandkrämer: 51 M., 45 G., 48 J. Seidenwaren- und Manufakturwarenkrämer: 30 M., 31 G., 18 J. Galanteriewarenkrämer: 18 M., 35 G., 20 J. (K. Stdt. A. A, 80. Gewerbesachen, Generalia Nr. 22). Zünftige Kaufleute waren 1804: 357 Meister, von 492. Davon kam auf die Altstädtische Kaufmannszunft 1804: 153, 1806: 157, auf die Löbenichtsche: 1804: 68, 1806: 68, auf die Kneiphöfsche 1804: 136, 1806: 141. (K. St. A. Kaufm. Arch. Sonstige Bestände Nr. 23, 24, 27.)

1) Handelsreglement von 1755, Art. 5. Wollte ein Mälzenbräuer Kaufmann werden, so sollte er sich durch Maskopie mit handelnden Kaufleuten dazu fähig machen, sich beim Wettgericht (nach 1783 beim Patronenamt) melden und dort nach Approbation durch die Kammer eingeschrieben werden. Gesellen und Burschen solcher handelnden Mälzenbräuer wurden allein in einer Kaufmannszunft eingeschrieben.

2) Wettordnung von 1734, Tit. II, Art. 1.

3) Der Staat hatte sich das Recht, Konzessionen zu erteilen, im Landrecht vorbehalten. Teil II, Tit. 8, § 481.

4) Die Stadt konnte ihrerseits ungehindert die Erlaubnis zum Handel in verschiedenen Branchen geben. Am leichtesten erlangten die Mälzenbräuer die Konzession zum Kleinhandel. Den Grossbürgerwitwen, die sich wieder verheiraten wollten, war die Genehmigung zum Weiterführen des Geschäfts schon durch die Wettordnung von 1734, Tit. II. Art. 6, gestattet; sie bedurften aber später noch einer besonderen Konzession durch das städtische Patronenamt (Vgl. Konzess. vom 3. 9. 1785 und vom 12. 9. 1785.

B. Das Gewerbe.

die Erlaubnis für gewisse Handelszweige erhalten hatten. Es waren dies vornehmlich die Fabrikanten,[1]) die in der Regel ungehindert ihre Produkte vertreiben durften, ohne Mitglieder einer Grossgilde zu sein,[2]) und die Schutzjuden, die auf ihre Privilegien hin mehr oder minder beschränkte Handelsrechte genossen.

Sie alle teilten sich im 18. Jahrhundert in die Nahrung, die in früheren Zeiten allein der Kaufmannszunft zukam. Die grössere Freigebigkeit in der Erteilung von Konzessionen seit dem siebenjährigen Kriege vermehrte noch ihre Zahl. Sogar der Handwerker wollte Grossbürger und damit Kaufmann werden, da dieser Stand trotz des beginnenden Verfalls noch immer den Inbegriff der Achtung und des Reichtums bedeutete.[3]) Der Ansturm war so stark, dass 1795 die Kaufmannszünfte für die angehenden Handelsherren die Stellung einer Kaution von 2000 Reichstalern[4]) und dreier Bürgen beantragten und das Patronenamt immer wieder darauf hinwiesen, zum Bürgerrecht wäre die Grossjährigkeit notwendig.[5])

Die Folge dieser dauernden Zunahme von Handeltreibenden innerhalb eines Zeitraums von 50 Jahren war ein Kaufmannsproletariat. Es gab 1806 viele Grossbürger mit dem Recht auf den Handel en gros, die „weder Feuer noch Herd" hatten, zu 2 oder 3 bei einem Kleinhändler wohnten und, um nur etwas zu verdienen, sich die gröbsten Durchstechereien mit den Liegern zuschulden kommen liessen.[6]) Denn der Handel, wie er damals in Königsberg geführt wurde, reichte nur für eine beschränkte Zahl aus.[7]) Die durch die äussere und innere Politik in der letzten Hälfte des 18. Jahrhunderts geschaffenen Verhältnisse waren für Königsberg so ungünstig wie

---

K. St. A. Kaufm. Arch. Lit. G. Nr. 26, vol. 2). Es konnte auch vorkommen, dass jemand, ohne Bürger zu sein, eine Handelskonzession erhielt, wenn seine Branche keine Konkurrenz für die Grossbürger und Kleinbürger bildete und seine Waren in der Stadt notwendig gebraucht wurden (Konzession an den Handelsmann Joh. Mich. Brandler für Glaswaren vom 7. 2. 1785. Lit. G. Nr. 26, vol. 2).

1) Die Erlaubnis zur Anlage einer Fabrik kam allein dem Staate zu, und war als ein Privilegium anzusehen. Landrecht Teil II, Tit. 8, § 410 f.
2) Teil II, Tit. 8, § 414.
3) Kant war es anstössig, so erzählt Flögel Heft 4, 63, seinen Diener Johann Kaufmann mit dem Nachnamen zu nennen.
4) Meier, 232. Die Behörden lehnten diesen Antrag ab.
5) Landrecht von 1794, Teil II, Tit. 8, § 477.
6) K. Stdt. A. A. 92. Handlungssachen. Nr. 17.
7) Wochenblatt für den Bürger und Landmann von Baczko, Königsberg, 1795, 1, 25.

möglich.[1]) Nach der ersten Teilung Polens, das bisher der grösste Lieferant an Rohprodukten und der beste Abnehmer gewesen war, suchte Russland die an Düna und Dnjepr erworbenen Gebiete wirtschaftlich mit dem Reiche zu verbinden und legte auf den Export einen Zoll von 12—20 %, um den polnischen Handel nach den kurländischen und livländischen Häfen Libau und Riga zu ziehen. Diese Absicht gelang so gut, dass die Rigaische Ausfuhr um zwei Millionen Reichstaler sich erhöhte und 1785 vier Millionen betrug.[2]) In den Jahren 1793 und 1795 kam ausserdem der grösste Teil Litauens, Podlesien und Wolhynien an Russland und wurde nun gleichfalls den erschwerten Exportbedingungen unterworfen. Mit der Erwerbung Westpreussens und des Ermlandes hörte auch der bis dahin bedeutende und von den Königsbergern mit grösstem Gewinn betriebene Import an Salz auf, da der Vertrieb dieses Handelsartikels in den preussischen Landen königliches Regal war. Der 1772—1773 erbaute Bromberger Kanal brachte zudem als bequemste Verbindung zwischen Oder und Weichsel einen grossen Teil der Getreideproduktion Südpreussens nach Stettin. 1793 wurde Danzig preussisch; damit versiegte auch der mit Unterstützung der Behörden von dem polnischen Danzig nach Königsberg abgeleitete Handel.

Die Geleitsgelder der Juden, die hauptsächlich die polnische Ausfuhr in den Händen hatten, geben ein deutliches Bild von dem durch die Teilungen entstandenen Schaden und dem sinkenden Handel der drei Städte. Sie fielen von 3209 Reichstalern 51 Groschen im Jahre 1762/63 bis auf 705 Reichstaler 7 Groschen 1799/1800.[3])

Die schon seit 1699 oft kurz vor Eröffnung der Schiffahrt oder nach der Ernte ergehenden Getreideausfuhrverbote zwangen ferner die Königsberger Kaufleute, ihre teils schon auf dem Halm eingekauften Vorräte ohne erheblichen Gewinn billig loszuschlagen. Eine empfindliche Einbusse für die Königsberger bedeutete ferner das Monopol der Seehandlung, alles nach Preussen zur See einkommende Salz ein- und verkaufen zu dürfen, und die Lahmlegung

---

1) Vgl. für das Folgende K. St. A. Regierungskommunalregistratur. Spec. 20, Tit. 14, Nr. 2. Die Schulden der hiesigen Kämmereikasse betreffend (1802), K. Stdt. A. A, 25. Finanztaschenbücher 1—29, Taschenbuch von Königsberg von 1829, 118 ff. Leonhardi 1, 518, Baczko, Königsberg 1787, 478, Königsberg 1804, 365, Meier, 424.

2) Leonhardi 1, 518. Baczko, Königsberg 1804, 365.

3) K. Stdt. A. A, 25. Finanztaschenbücher Nr. 21—29, Balance.

des Tabakshandels der durch die Privilegien von 1765 und 1797 an eine Kompagnie verpachtet worden war. Wohl brachte der amerikanisch-englische Krieg von 1779—83 und die über englische Waren verhängte Sperre in den Jahren 1802—05 einen kleinen Aufschwung[1]) durch die Vergrösserung der Absatzgebiete, aber dieser vorübergehende Gewinn reichte doch nicht aus, um die früheren Verluste wett zu machen[2]) und dem Handel zu neuer Blüte zu verhelfen. Denn die Königsberger Kaufleute trieben nur einen „ökonomischen Handel",[3]) d. h. sie nahmen den Polen und Russen die Rohprodukte ab und bezahlten sie mit eigenen Fabrikwaren oder Erzeugnisse des Auslandes, für die sie wiederum die Handelsartikel Russlands und Polens in Zahlung gaben.[4]) Die zünftigen und unzünftigen Grossbürger besassen gewisse Privilegien, deren wichtigstes das Stapelrecht war, und zwangen dadurch den Handelsverkehr des Ostens, seinen Weg über Königsberg zu nehmen, und das gewährte ihnen einen bequemen Handel, solange die Zahl der Teilnehmer nicht zu gross wurde. „Königsberg war die internationale Scheidewand, hinter der die Grossbürger ihre Privilegien verwerteten."[5]) Für modernen Spekulationshandel[6]) und grosszügige Kreditwirtschaft mit ihren über lokalen und provinziellen Betrieb zu nationalem und internationalem Verkehr hinausgehenden kühneren Bahnen, zur Gewerbefreiheit mit ihrer Ausnutzung

---

1) Meier, Beilagen zur S. 216.

2) Baczko, Jahrbücher der preuss. Monarchie. 1801, 349. Die Zahl derer, die bei den günstigen Bedingungen wieder emporstiegen, kommt den gesunkenen nicht gleich.

3) Baczko, Königsberg 1787, 475, Königsberg 1804, 361.

4) Die Produkte der Polen, Russen und Litauer (Hanf, Flachs, Wachs, Getreide) wurden den Königsberger Kaufleuten in der Regel in Kommission gegeben und nach Hamburg, Holland, England, Frankreich, Spanien, Dänemark und Schweden verschifft und gegen Metalle (Kupfer, Eisen, Zinn), Materialien (Gewürze, Farben, Fabrikwaren) eingetauscht. Nur der Wein wurde von den Kaufleuten stets auf eigene Rechnung gekauft und verkauft. Aber seine Einfuhr war um die Wende des 18. Jahrhunderts unbedeutend. 1802: Franz. Wein 9113 Oxhoft, Muskateller: 83 Oxhoft, Rhein- und Moselwein 132 Ohm, Span. Wein: 288 Piepen, Burgunder und Champagner für 8912 R.Tlr. Vgl. Baczko, Königsberg 1804, 374 ff.

5) Meier, 296.

6) Über das Wesen des modernen und alten Handels, vgl. Schmoller, Grundriss der allgemeinen Volkswirtschaftslehre 2, 31 ff.

und Anforderung der Energie waren die Kaufleute von 1806 nicht geschaffen. Ihre[1]) ängstlich rechnende, nichts Ungewisses wagende Art reichte wohl dazu aus, mit zäher Beharrlichkeit langsam ein nicht allzuhoch gestecktes Ziel zu erreichen, nämlich einen mittleren Wohlstand für einen kleinen Kreis zu gewährleisten, indem sie auf Grund ihrer Privilegien den Litauern und Polen „den Beutel zu schnäuzen" wussten, ohne zur See etwas zu „adventuriren".[2]) liess sie aber nicht zu Trägern eines ferne Gebiete verbindenden Handels werden.

Der Königsberger Kaufmann musste in erster Linie Zunftbruder, d. h. Mitglied einer der drei Gilden sein; das war noch immer die Anschauung der Majorität um 1800. Nur Innungsbrüder wurden als Standesvertreter angesehen, sie allein erkannte der Magistrat als solche an und präsentierte sie für die den Grossbürgern offenen Stellen der Verwaltung. Die, welche auf Grund der Ordnungen von 1730 und 1755 als unzünftige Grossbürger das Recht zum Handel en gros erwarben — das Landrecht fand mit seinen Bestimmungen auf Königsberg keine Anwendung — blieben in einer Sonderstellung. Waren sie, ohne vorher die Zunft zu heischen, Bürger geworden, so wurden meistens ihre später eingereichten Gesuche um Aufnahme in die Gilden abschlägig beschieden, und die „Rezeption" allein auf die beschränkt, welche mit Gildebrüdern in Maskopie gestanden hatten. Dagegen wurden die Söhne und Schwiegersöhne ohne Widerspruch zugelassen, obwohl gerade diese der Ruin der Kaufmannszünfte waren, weil sie trotz des Verbots der Maskopie mit Nichtbürgern,[3]) nur um etwas zu verdienen, zum verbotenen Unterschleif ihre Namen hergaben und dadurch die Absicht der Fremden, die Vermittelung der Zünfte auszuschalten, unterstützten.

Beim Eintritt in die Zunftgemeinschaft wurde noch, wie im Mittelalter, ein Unterschied zwischen einem Fremden und einem Grossbürgerssohn gemacht. In der Altstädtischen und Kneiphöfi-

---

1) Siehe für das Folgende: Rachel, Handel und Handelsrecht von Königsberg. Forsch. z. Brand. Preuss. Gesch. 22, 110.

2) Vgl. die Bemerkung Raules über die Königsberger Kaufleute. Hansische Geschichtsblätter 1890/91, 56.

3) Wer mit Nichtbürgern Maskopie trieb, wurde beim ersten Mal 1 Jahr lang, beim zweiten Mal 6 Jahr lang, beim dritten Mal auf immer für unfähig zum Handel erklärt. Wettordn. von 1734, Tit. II, Art. 3.

B. Das Gewerbe.

schen Kaufmannsgilde zahlte 1806 der Bewerber 100 Gulden[1]) (33⅓ Rtlr.) an die Zunftkasse, der Grossbürgerssohn nur 12.[2]) Im Löbenicht[3]) erlegte das Stadtkind 3 Reichstaler, der Fremde, wenn er in den Städten gelernt hatte, 100 Gulden, wenn er auswärts zum Gesellen gesprochen war, 200 Gulden. Die übrigen Ausgaben waren für beide gleich; so zahlte der angehende altstädtische Kaufmann[4]) ausser seinem Zunftrechtsgelde zum Artushof 18 Gulden, zum Witwenstift 6, zum Mannesstift 6, an die beiden Junkerchöre[5]) 11 bis 12 und zur Hauptkasse 3 Gulden. Ausserdem musste er mit seiner Familie der Sterbekasse[6]) beitreten, welche die Kaufmannsgilden gemeinsam mit den Mälzenbräuern besassen, und die sich wegen ihrer beträchtlichen Mitgliederzahl grossen Ansehens erfreute.[7])

Während aber die Zünftigkeit noch im Anfange des 18. Jahrhunderts die Mitglieder eng aneinander band und, da sie eine auskömmliche Nahrung verbürgte und jede Konkurrenz ausschloss, den Zunftbruder zwang, in erster Linie seine Kräfte in den Dienst der Allgemeinheit zu stellen, war bei dem mehr und mehr gefährdeten

---

1) Nach den Zunftgesetzen vom 3. 2. 1677, § 11. K. St. A. Kaufm. Arch. Lit. G, Nr. 26, vol. 2 und Sonstige Bestände, Nr. 17.

2) Ordnung der Kneiph. Kaufmannszunft von 1692 und vom 16. 3. 1648, Art. 13. Ursprünglich zahlte der Fremde 200 R.Tlr., dann 100 Gulden. K. St. A. Kaufm. Arch. Sonstige Bestände, Nr. 16.

3) Ordnung der Kaufmannszunft im Löbenicht von 1678, Art. 13. K. St. A. Kaufm. Arch. Sonstige Bestände, Nr. 15. Ursprünglich zahlte ein Fremder 100 oder 200 Mark preussisch.

4) K. St. A. Kaufm. Arch. G, Nr. 26, vol. 2 Die Ausgaben der Kneiphöfischen und Löbenichtschen Kaufleute konnte ich nicht in Erfahrung bringen. Sie waren aber für den Grossbürgerssohn und Fremden gleich, wie öfters in den Akten betont wird.

5) Zwei Chöre für die Angehörigen der Kaufleute und Mälzenbräuer in der Altstädtischen Kirche.

6) Eine jede Zunft besass eine Zunftkasse; ausserdem hatten die 6 Zünfte der Kaufleute und Mälzenbräuer noch eine gemeinsame Kasse, Hauptkasse genannt, die zur Unterstützung armer Zunftmitglieder diente. Die Sterbekasse hatte 1200 Mitglieder und zahlte 800 Gulden (266⅔ Rtlr.) im Sterbefalle.

7) Sie war am 13. 3. 1769 gestiftet worden. Der Beitrag betrug bei jeder Leiche 21 Groschen für das Mitglied. K. St. A. Kaufm. Arch. Lit. S. Nr. 27, vol. 1.

Handel im Laufe des Jahrhunderts der Egoismus und das Strebertum in den Vordergrund getreten. Man begehrte die Zunft, um die zahlreichen Vorteile, die sie, abgesehen von dem Privilegium des Handels en detail, gegenüber den nicht zünftigen Kaufleuten bot, zu geniessen. Eine Anzahl von städtischen und königlichen Kollegien hatte ordnungsmässig einige Stellen mit Kaufleuten zu besetzen, die dem Grossbürgerstande angehören mussten. Das Vorschlagsrecht besass der Magistrat, und die Präsentation des Kandidaten nahmen nach altem Herkommen die Kaufmannszünfte ganz allein für ihre Mitglieder in Anspruch. Trotz mancherlei Misshelligkeiten ist es der Stadtverwaltung nie eingefallen, wenigstens nicht in den letzten 50 Jahren vor 1806, die Anwärter für solche Beamtenstellen aus dem Lager der nichtzünftigen Grossbürger zu holen. Im Magistratskollegium sollten nach dem Reglement von 1783 stets zwei kaufmännische Stadträte sitzen;[1] im Patronenamt assistierten zwei Kaufleute,[2] ebenso waren zwei dem Dezernenten des Armenwesens als Beisitzer zugeteilt.[3] Im Wettgericht sassen: 1 kaufmännischer Stadtrat, 1 Assesor und 4 kaufmännische Deputierte,[4] im Stadtgericht 2 Assessoren,[5] im königlichen Commerz- und Admiralitätskollegium 3 Räte,[6] die dem Grosshandelsstande zu entnehmen waren. Der gleiche Einfluss der Zünfte machte sich bei der Besetzung der Ämter in den städtischen Handlungsanstalten geltend; der Magistrat gestand ihnen allein unbeschränkt das Vorschlagsrecht bei Vakanz von Ober- und Unterbelehntenstellen[7] zu.

---

1) Rathäusl. Regl. von 1783, Sekt. II, § 1. Sekt. III, § 10.

2) Sekt. III, § 1.

3) Sekt. III, § 8. Vgl. Schaff, Königsbergs städtische Verwaltung vor 100 Jahren. Königsb. Hartungsche Zeitung, 1902, Nr. 17.

4) Neues Wettgerichts-Regl. vom 20. Juni 1792. K. St. A. Oberlandesgerichts-Registr. Nr. 47, F. 937 (K. 118). Im alten Wettgerichts-Regl. vom 2. 3. 1734, Tit. I, Art. 1 waren nur 4 Deputierte.

5) Justizreglement vom 29. 4. 1783, Art. 4. Das neue Justizregulativ von 1803, Art. 7, behielt die Anordnung bei. R. R. 566, Stadtgericht Generalia Nr. 2. Vgl. Schaff, Königsberger Justizwesen vor 100 Jahren. Königsb. Hartungsche Zeitung, 1902, Nr. 55.

6) Reglement des Königlichen Commerz- und Admiralitätskollegiums vom 5. 8. 1783, Art. 1. K. Stdt. A. A, 261. Magistratssachen. Patronenamt Nr. 2. Baczko, Königsberg 1804, 277 gibt für die spätere Zeit 4 Räte an.

7) K. St. A. Kaufm. Arch. Lit. B, Nr. 63. vol. 1. K. Stdt. A. A, 99. Handlungssachen. Generalia Nr. 2.

B. Das Gewerbe.

In die Ämter der Oberbelehnten:[1]) Wäger, Braker,[2]) Kranmeister,[3]) Scheffelmeister,[4]) Strommeister,[5]) Marktmeister[6]) und Kalkschreiber[7]) kamen nur alternde Gildemitglieder, die den leichten Dienst

---

1) Die alte ständische Verfassung beruhte auf dem Lehnsystem, das auch die Ämter in den Handlungsanstalten umfasste. Die Stadt hatte durch die Belehnten in früheren Zeiten stets eine bewaffnete Macht zur Verfügung gehabt. Die politischen Veränderungen hoben diese Pflicht der Belehnten auf; sie mussten nur noch bei Feuersgefahr sofort Hilfe leisten. (Schreiben des Komitees der Kaufmannschaft vom 3. 9. 1819 an die Regierung. R. R. 374, Handlungssachen. Belehnte. Generalia Nr. 9. Vgl. dazu Faber, 231.) Jeder Belehnte hatte sein zugewiesenes Arbeitsfeld, das er nicht überschreiten durfte, alle waren vereidet und hatten ihre Instruktion. Eine grosse Anzahl davon in K. St. A. Kaufm. Arch. Lit. B, Nr. 64, vol. 1; Nr. 65, vol. 1; R. R. 324, Handlungssachen. Belehnte. Generalia Nr. 12. R. R. Fächer 327, 328, 329. K. Stdt. A. A, 99, Handlungssachen. Generalia Nr. 2. Die Oberbelehnten erhielten um die Wende des Jahrhunderts festes Gehalt, die Unterbelehnten Gefälle von der Ware, die durch die Wageordnung von Hanf und Flachs 1747 und durch die Bestimmungen in den Instruktionen geregelt wurde (A, 92. Handlungssachen Nr. 16).

2) Für die 6 „publiken Handlungswagen" gab es nach 1801 6 Wäger, davon waren 2 Oberwäger, die alle zugleich auch das Amt der Braker versahen. Ausserdem gab es noch 1 Aschbraker (d. h. Sortierer der Pottasche, Frischbier 1, 33) und 2 Heringsbraker. Nach 1737 wurden sie fest besoldet, um Unterschleifen vorzubeugen, und erhielten ihr Gehalt, das 800—900 Gulden betrug, aus einer besonderen Brakkasse, die bis 1786 eine Privatkasse der Kaufmannszünfte war, dann aber von der Stadt eingezogen wurde (K. Stdt. A. A, 93. Handlungssachen. Braksachen Nr. 3).

3) Kranmeister gab es 2, je einen für den roten und grünen Kran. Er stand an der Spitze der Weinschrötter, hatte die Aufsicht über die Lagerräume und die Oelmasse, die Trichter und Bücher in Verwahrung (K. Stdt. A. A, 99. Handlungssachen. Generalia Nr. 2).

4) 2 Scheffelmeister. Nach Tit. 4, Art. 13 der Wettordnung vom 2. 3. 1734 musste alles Getreide über den öffentlichen Scheffel gehen. Diesen hatte der Scheffelmeister in Verwahrung und ausserdem die Aufsicht über die Kornmesser und Kornkapitäne (A, 99. Handlungssachen. Generalia Nr. 2).

5) Der Strommeister hatte die Strompolizei und die Schlüssel zu den Wehrbäumen an der Holz- und Köttelbrücke und bestimmte die Plätze zum Anlegen der Schiffe. Ihm waren die Stromknechte untergeordnet.

6) Marktmeister gab es 6. Sie hatten die Aufsicht über die öffentlichen Marktplätze und wurden aus den Markt- und Standgeldern besoldet. Sie prüften die Richtigkeit der Masse und Gewichte und unterstanden in diesem Falle der besonderen Aufsicht der Polizeidirektion (Polizeiinstruktion vom 16. 3. 1752, § 21).

7) Der Kalkschreiber führte die Aufsicht über die Kalkmesser und die Kalkscheune und hatte die Kalktonnen in Verwahrung. Er war in der Regel zugleich Kalkherr. Zuweilen wurde dieser Posten besonders besetzt; alsdann wurde zum Kalkschreiber nur ein Unterbelehnter genommen.

als wohlverdiente Sinekure betrachteten, ohne ihrer Grossbürgerwürde etwas zu vergeben. Die begehrten und gewinnbringenden Posten der Belehnten, der Kornmeister,[1]) Kornmesser,[2]) Tonnenmeister, Salzmesser, Salzpacker,[3]) Flachsbinder, Hanfkauler,[4]) Heringshöfer,[5]) Aschhöfer,[6]) Schalbedienten,[7]) Weinschrötter,[8]) Kalkmesser,[9]) Holzringer,[10]) Stromknechte besetzte der Magistrat mit verarmten oder invaliden Handlungsdienern der Kaufmannszünfte. Als 1806[11]) der Staat diese Ämter auch pensionierten Soldaten und den Stadtarmen offen gehalten wissen wollte, wiesen die Gilden und die Stadtverwaltung das kurz zurück, weil zu diesen Ämtern Sachkenntnisse nötig wären. Die Anstellung der Makler,[12])

---

1) Die Kornmeister oder Kornkapitäne waren geschworene Leute, die Männer zum Auf- und Abtragen des Getreides stellten und die Säcke dazu gaben. Jeder Kapitän hatte eine Rotte von 4—5 Trägern. Die Gefälle sind: der Messlohn, Abtragelohn, Auftragelohn, Räumlohn. (K. St. A. Gesuch der Altstadt vom 22. 5. 1719. Ferner Lit. B. 63. vol. 1: K. 19. vol. 1: R. R. 327, Belehnte, Unterbelehnte, Kornmeister. Nr. 12. Über die Gefälle siehe R. R. 324. Handelssachen. Belehnte. Generalia Nr. 2.)

2) Kornmesser waren Bediente der Scheffelmeister, sie hatten dieselben Gefälle wie die Kornmeister.

3) Salzbelehnte (Salzmesser) massen das ein- und auskommende Salz; Salzpacker packten es in die Tonnen; Tonnenmeister zählten die Tonnen, buchten sie und liessen sie in die Schiffe verstauen. Ihre Gefälle waren: Messlohn, Packlohn, Staugeld. K. Stdt. A. A, 31. Acta wegen der von der Seehandlungskompagnie zur Kämmereikasse zu zahlenden Abgaben. 1779 bis 1828.

4) Untergebene der Braker, sie banden und sortierten den Flachs und Hanf. Ihre Gefälle waren Bindergeld, Packlohn, Emballagelohn.

5) Untergebene des Heringsbrakers, packten die Heringe und legten die Höhung der Heringstonne fest. Gefälle: Brakgeld, Einbringegeld, Höherlohn, Lieferlohn, Messgeld, Bohrgeld.

6) Bediente des Aschhofbrakers. Gefälle: Brakgeld, Zählgeld, Ausbuchgeld, Wolksgeld (?), Einbringgeld, Schalgeld, Messgeld, Stapelgeld, Auskuhlgeld.

7) Untergebene der Wäger. Gefälle: Schalgeld, Packlohn, Zählgeld, Ausbringgeld, Umsatzgeld.

8) Knechte der Kranmeister. Sie verluden den Wein, das Oel, den Essig. Gefälle: Losgeld, Einbringe- und Ausbringegeld, Spundgeld, Aufladegeld, Liefergeld.

9) Untergebene des Kalkschreibers.

10) Oder auch Holzringler. Sie zählten das zu Wasser ankommende Holz und meldeten es den Brakern.

11) K. St. A. Kaufm. Arch. Lit. B, Nr. 63, vol. 1.

12) Das Maklerwesen war geregelt durch das Landrecht, Teil II, Tit. 8, § 1305—1388, die Maklerordnung vom 15. 11. 1765 und die Maklertaxe vom

B. Das Gewerbe.

deren es ungefähr 20 in den Städten gab, geschah ebenfalls durch die Stadtverwaltung. Diese Posten waren allmählich eine Versorgungsanstalt für verunglückte zünftige Grossbürger geworden, in der sie einem sorgenfreien Lebensabend mit sicherem Einkommen entgegensahen,[1]) denn die Zahl der Makler[2]) war festgesetzt und wurde nur bei Todesfällen ergänzt.[3]) Endlich stand die Verwaltung der Börse[4]) bis 1801 allein den Vertretern der Grosszünfte zu, mithin auch die Bestimmung der Waren und Effekten, die an der Börse

---

29. 3. 1771. Die Kaufmannszünfte präsentierten 3 „Subjekte"; der Magistrat brachte sie dem Commerz- und Admiralitätskollegium in Vorschlag, dieses hielt die Maklerprüfung ab und bestätigte sie. (Fundierungsreglement für das Commerz- und Admiralitätskollegium vom 5. 3. 1783. Art. 11.) Die Zünfte hatten den grössten Einfluss, denn nur die Leute, welche durch sie empfohlen wurden, hatten Aussicht, die Stellung zu bekommen. Das Kollegium verliess sich ganz auf die Zünfte und das Urteil seiner kaufmännischen Räte, die den Gilden angehörten (K. St. A. Kaufm. Arch. Lit. M, Nr. 35, K. Stdt. A. A, 182. Maklersachen, Nr. 2, vol. 2. A, 92. Handlungssachen, Nr. 92).

1) Der Verdienst der Makler war die Courtage. Die Maklerordnung vom 15. 11. 1765, § 44 besagte zwar, dass nur der Verkäufer mit 1 % die Courtage bezahlen sollte. Die Maklertaxe vom 29. 3. 1771 setzte dagegen fest, dass bei Münzenwechseln beide Teile einen Reichstaler pro tausend zahlen sollten, beim Wechselhandel 1 Reichstaler pro Mille der Käufer und Verkäufer, bei Versicherungen der Versicherte ¼ % geben sollte. Bei Getreide betrug die Courtage 9 preussische Groschen pro Last von beiden Kontrahenten. K. St. A. Kaufm. Arch. Lit. M, Nr. 35 und R. R. 330. Mäklersachen, Nr. 4.

2) Es gab zwei Arten Makler: Wechsel- und Speziesmakler und Granmakler. Diese zerfielen wiederum in Getreidemakler, Gewürzmakler und Schiffsmakler. 1790 gab es 10 Wechselmakler, 5 Getreidemakler, 3 Gewürzmakler, 2 Schiffsmakler.

3) Wurde ein Makler alt und krank, so konnte er sich mit Erlaubnis des Magistrats und des Commerz- und Admiralitätskollegiums einen Adjunkten nehmen, der an seine Stelle trat und dem Makler eine jährliche Pension, gewöhnlich 200 Reichstaler auszahlte. Der Adjunkt trat in der Regel beim Todesfalle in die erledigte Stelle. K. Stdt. A. A, 182. Mäklersachen, Nr. 2, vol. 2.

4) Der Neubau begann um 1800. Der alte Bau stammte aus dem Jahre 1728 und lag an der grünen Brücke; er wurde „Kneiphöfsche Börse" genannt und war aus Kämmereimitteln erbaut worden. 1798 war das Haus so baufällig, dass die Kaufleute am 2. 3. den Magistrat dringend ersuchen liessen, die Börse vor der Börsenzeit, 12—1, zu schliessen, „da die Decke herunterkäme". Von 1798—1801 diente der Kneiphöfsche Junkerhof als Börse. Bei der schlechten Finanzlage wollte die Stadt keine neue bauen, die Zünfte waren daher gezwungen, eine Subskription zu veranstalten und alle Kaufleute, zünftige und unzünftige, daran zu beteiligen. Da das eingekommene Geld nicht ausreichte, sah man sich gezwungen, einen Beitrag

gehandelt wurden, und die Geschäftsformen, in denen gehandelt werden durfte.[1]) Nach dem Neubau von 1801 scheinen die nichtzünftigen Kaufleute der Stadt an der Aufsichtsführung beteiligt gewesen zu sein, da bei dem Mangel an Baugeldern die Gilden sich genötigt gesehen hatten, die abseits stehenden Grossbürger, Lieger und Juden als Garanten heranzuziehen, doch haben diese bei der überwiegenden Zahl der zünftigen Verwaltungsmitglieder wenigstens bis 1806 keinen nachweisbaren Einfluss gehabt.

Der Egoismus der Zunftmitglieder und die steigende Teilnahmlosigkeit an den Interessen der Gildegemeinschaft hatte zur Folge, dass die Grossbürger die Last der Zunftehrenämter, Eltermannschaften zu bekleiden, Bau- oder Gartenherren in den Junkerhöfen zu werden,[2])

---

vom Handel zu erheben und allmählich das von der Königlichen Bank zu 3% geliehene Kapital abzutragen. Am 4. 9. 1801 wurde die Börse eingeweiht. Es wurde eine Cantate gesungen unter Leitung des Kantors Gladau von der Kneiphöfschen Kirche, und der Wechselmakler Reimann hielt die Festrede, die gedruckt zum Besten der Armen verkauft wurde. Beim Festessen brachte Professor Mangelsdorff folgenden Toast aus:

„Es daure jeder Balken hundert Jahr,
Und jeder Nagel bringe hundert Thaler
Und jede kluge Spekulation,
Geprüfte Einsicht, nicht des blossen Zufalls Sohn,
Erreiche ihren Zweck. Doch nie
Erblicke hier Merkur
Mutwillig böse Zahler."

Vgl. K. St. A. Kaufm. Arch. Lit. B, Nr. 38; Hennig, 71. Flögel, Heft 6 und 7, S. 2; Baczko, Königsberg 1787, 178; Königsberg 1804, 129.

1) Es lag in ihrer Macht, Personen vom Besuch auszuschliessen.

2) Der Kneiphöfsche Junkerhof zerfiel in zwei Hauptabteilungen, den Rosenwinkel, in dem die Kaufleute, und den Hölkenwinkel, wo die Mälzenbräuer sassen. Die Verwaltung der nach den Wappen benannten Winkel lag einem Vogt ob, einem Vizevogt, einem Burgemeister und seinem Kompan. Die Leitung des Hofes und Gartens lag in den Händen zweier Eltermänner, auch Gartenherren genannt, und zweier Bauherren. Der 1708—10 erbaute Altstädtische Junkerhof hatte den Kannenwinkel und den Hölkenwinkel. Im ersteren sassen die Mälzenbräuer, und im andern die Kaufleute. (Frischbier, Die Zünfte der Königsberger Junker im Kneiphof. Altpreuss. Monatsschr. 1880, Bd. 17. G. Th. Hoffheinz. Eine Wanderung durch Königsberg vor 250 Jahren. Altpreuss. Monatsschr. 1868, Bd. 5, 101.) Die Verwaltung des Kannenwinkels hatten 2 Kämmerer, 2 Vögte, 2 Gartenherren und 2 Chorherren, welche die Aufsicht über den Junkerchor in der Altstädtischen Kirche führten. Der Hölkenwinkel hatte bis auf die beiden Chorherren dieselben Beamten. Die zwei Bauherren waren beiden Winkeln gemeinsam. Die Gildefischer nahmen für sich das Recht in Anspruch, auf dem Altstädtischen Junkerhof jährlich zu Johanni ein Gastmahl auszurichten, wobei sie ein Gericht Fische sotten, das aus allen Arten Fischen zusammengesetzt war (R. R. 44, Junkerhöfe, Nr. 5). Zu

B. Das Gewerbe. 61

nicht mehr tragen mochten[1]) und von dem am Ende des 18. Jahrhunderts eingebürgerten Recht des Loskaufens ausgiebigen Gebrauch machten. Um den immer wiederholten Klagen[2]) darüber abzuhelfen, verfügte das Patronenamt am 7. 9. 1789[3]) für die Kneiphöfsche Kaufmannszunft, das Loskaufgeld müsse mindestens 130 Gulden (43⅓ rtlr.)[4]) betragen. Für die beiden andern Gilden scheinen ähnliche Massregeln getroffen zu sein.[5]) Doch dieses Vorgehen der städtischen Verwaltung half wenig; da nämlich in aussergewöhnlichen

den beiden Junkerhöfen gehörten zwei Gärten, die, wie die Höfe, Eigentum der Altstädtischen und Kneiphöfschen Grossbürgerzünfte waren, und zu deren und des Vogts Unterhalt bei der Aufnahme in die Zunft jährlich im Kneiphof seit 1788 12 Gulden und in der Altstadt 6 Rtlr. gezahlt wurden. Die Ehrenbeamten wurden auf den Morgensprachen gewählt, die im Altstädt. Junkerhof alle 4 Jahre, im Kneiphof sehr unbestimmt alle 2—3 Jahre abgehalten wurden und die mit einer Inventuraufnahme des Hofbesitzes schlossen. — Die Löbenichtschen Zünfte hatten seit 1764 keinen Junkerhof mehr, da das Rathaus, in dem er sich befand, abbrannte. Die Stadt baute an dieser Stelle ein Kämmereigebäude, und den Grossbürgern wurde dort eine Zunftstube zugewiesen. 1788 ging das Haus in den Besitz des Buchdruckers Hartung über, die Zunftstube darin blieb bestehen. Vgl. W. Schubert. 600. Jubiläum, 37 ff.; Baczko, Wochenblatt 1, 450; R. R. 44. Junkerhöfe; K. Stdt. A. A, 99. Handelssachen. Generalia, Nr. 2. — Über den Altstädt. Junkerhof vgl. Erläut. Preussen 2, 494 ff.; Leonhardi 1, 439; Baczko, Königsberg 1804, 119; Faber, 46; Arnold Charisius, Das alte Königsberg, eine ausführliche Beschreibung der drei Städte Königsberg, wie sie anno 1664 beschaffen waren von Caspar Stein. Königsberg 1910, 13 ff.; K. St. A. Etatsm. K. 81a. Bericht des Magistrats an die Königl. Regierung vom 19. Okt. 1708. Kaufm. Arch. Lit. J, Nr. 28, Nr. 34. — Über den Kneiph. Junkerhof siehe Frischbier, Altpreuss. Monatsschr. 1880, 17, 83 ff.; Faber, 83; Meier, 230; Charisius, 45; K. St. A. Kaufm. Arch. Lit. J, Nr. 3 und Sonstige Bestände. Nr. 22. — Über die Löbenichtsche Zunftstube vgl. Schubert, 88; Faber, 94; Baczko, Königsberg 1804, 134. — Über Morgensprachen siehe Meier, 228; Frischbier, Altpreuss. Monatsschr. 17, 114. Die Äusserungen Horns S. 541 sind unzutreffend. Siehe ferner R. R. 44, Junkerhöfe, Nr. 1 (Hofbrief des Altstädt. Artus- und Junkerhofs von 1666); K. St. A. Kaufm. Arch., Sonstige Bestände, Nr. 5 (Protokoll einer Morgensprache im Kneiphof mit Inventuraufnahme); Sonstige Bestände, Nr. 6 (Protokollbuch des Königl. Artusgartens der Königsberger Kaufleute. 1440—1562); Sonstige Bestände, Nr. 7 und 8 (Protokollbuch der Morgensprache im Kneiphof. 1593—1624; 1653—1788).

1) Meier, 229.
2) K. Stdt. A. A, 83. Gewerbesachen. Kaufleute, Nr. 2, vol. 2.
3) K. St. A. Kaufm. Arch. Lit. V, Nr. 1.
4) Davon 100 zur Zunftkasse und 30 zur Stiftskasse.
5) Das Loskaufgeld von Eltermannschaften bei der Löbenichtschen Kaufmannszunft betrug 100 Gulden. K. St. A. Kaufm. Arch. Sonstige Bestände. Nr. 11. Löben. Zunftbrüderbuch, 1726—82.

Fällen eine Ermässigung der Summe gestattet war,[1]) so machte man von diesem Hintertürchen Gebrauch, und es wurde Sitte, sich der Bequemlichkeit halber schon am Tage der Aufnahme von allen Ehrenämtern loszukaufen.[2]) Im übrigen zahlte man seinen Beitrag, der nicht hoch war, in der Altstadt[3]) 45 Groschen (= ½ rtlr.), im Kneiphof[4]) und Löbenicht[5]) ein Gulden pro Quartal, und suchte wenn möglich Mitglied in zwei oder sogar allen drei Kaufmannsgilden zu werden;[6]) in solchen Fällen wurde dann die Einkaufssumme durch Akkord ermässigt.[7])

Wer sich gegen die Zunftordnungen verging, wurde je nach der Grösse seines Vergehens, nachdem schon von den Gerichten[8])[9]) auf

1) Es konnte ein Akkord geschlossen werden. Vgl. Loskauf des Philipp Abel vom 20. 3. 1781 und ähnl. Löben. Zunftbrüderbuch. Sonstige Bestände, Nr. 11.

2) Katalog der Kneiph. Kaufmannszunft zu Königsberg. Gefertigt im Juni 1800 von Joh. Ludw. Rosenkranz. Sonstige Bestände, Nr. 10.

3) Der Zunftbeitrag betrug bis zum 1. 4. 1797 nur 22½ preussische Groschen pro Quartal, wurde auf Zunftbeschluss vom 27 3. 1797 erhöht (Quartalkollektenbuch der Altstädt. Kaufmannszunft 178?.—1809. Sonstige Bestände, Nr. 24.).

4) Der Beitrag betrug bis 1797 pro Quartal 15 preussische Groschen, wurde am 29. 2. 1797 erhöht (Rechnungsmanuale über die semestralen Beiträge der Kaufleute im Kneiphof, 1792—1810. Sonstige Bestände, Nr. 27).

5) Der Zunftbeitrag betrug pro Quartal 7½ preussische Groschen. Am 10. 3. 1797 auf 1 Gulden erhöht. (Quartalbuch über die Mitgliedsbeiträge der Löben. Kaufmannszunft. Sonstige Bestände, Nr. 23.)

6) Es war nach den geltenden Ordnungen nicht nötig, dass der Kaufmann auch die Zunft der Stadt nachsuchen musste, in welcher er handeln wollte, es wurde aber von den Zünften nach altem Übereinkommen verlangt.

7) Er zahlte dann 16—27 Gulden. Löben. Zunftbruderbuch. Sonstige Bestände, Nr. 11.

8) Schutzverwandte und Bürger, sofern sie nicht französische Kolonisten waren, standen unter dem Stadtgericht, einem vom Magistrat dependierenden Kollegium. Seine Begründung geht auf das Justizreglement zurück „wegen der künftigen Einrichtung des Justizwesens bei den Untergerichten der Königlichen Haupt- und Residenzstadt Königsberg". 29. 4. 1783. (R. R. 566, Stadtgericht, Generalia, Nr. 2; Berliner Geh. St. A. Acta des Generaldirektoriums, Ostpr. Städtesachen. Königsberger Stadtgericht, Nr. 5. Die Separation des Polizei- und Justizwesens, 1782—93.) Das Gericht bestand aus 1 Direktor, 6 gelehrten Stadtjustizräten, 7 Assessoren, von denen 2 kaufmännische Beisitzer waren, und den Subalternen. (Regulativ von 1803, Art. 1 und Reglement von 1783, Art. 4.) Die Wahl des Stadtgerichtsdirektors, der Räte und Assessoren bis auf 1 Justizrat, der Vorsitzender der zweiten Abteilung war, und den seit 1803 der Präsident der ostpreuss. Kammer ernannte, lag beim Magistratskollegium (Rathäusl. Regl. von 1783. Sekt. I. § 1 und Justiz-Regl. von 1783, Art. 9 und 10). Die Bestätigung erfolgte durch den Chef der Justiz auf Vermittelung der ostpreuss. Regierung. Das Stadt-

B. Das Gewerbe.

eine Busse erkannt war, auch noch von der **Zunft** disziplinarisch bestraft: von den Ämtern dispensiert, von Zusammenkünften ausge-

gericht zerfiel in drei Ressorts (Plenum, 1. und 2. Abteilung), die sich in die Verhandlungen teilten. Zu seiner Jurisdiktion in Zivilrechtssachen gehörten die drei Städte, die königlichen Freiheiten, die Kämmereidörfer und das an die Stadt angrenzende Gebiet (z. B. die Huben) mit ihren Bewohnern; ausgenommen waren Soldaten, Adlige, Eximierte, Juden und die Einwohner der privilegierten Gründe. Der Kriminaljustiz des Stadtgerichts unterstanden nur die drei Städte mit den Kämmereidörfern und dem an der Stadt angrenzenden Gebiet, dagegen nicht die Bewohner der königlichen Freiheiten, die direkt unter der ostpreuss. Regierung standen. (R. R. 372, Jurisdiktionssachen, Nr. 2.) Durch Erlass vom 3. 5. 1805 (R. R. 372, Jurisdiktionssachen, Nr. 2) wurde dem Stadtgericht nur der Urteilsspruch bis zu 14 Tagen Gefängnis oder 5 Reichstalern Geldstrafe gelassen (Art. 5). Höhere Strafen und Freisprechungen bedurften der Bestätigung des am 1. Juni 1805 aus der ostpreuss. Regierung gebildeten Kriminalsenats (Art. 6). Die Appellationsinstanz bei Zivilklagen in Sachen von 200 Reichstalern und darüber war der zweite Senat der ostpreuss. Regierung, Ostpr. Tribunal genannt; Revisionsinstanz war das Obertribunal in Berlin. In Sachen unter 200 Rtlr. ging die Appellation an den ersten Senat, die Revision an den zweiten Senat, auf Antrag an das Obertribunal. In Kriminalsachen ging die Berufung vom Stadtgericht an den Kriminalsenat und die Revision an das ostpreuss. Tribunal. War der Kriminalsenat 1. Instanz, so bildete das ostpreuss. Tribunal die 2. Instanz und das Obertribunal die Revisionsinstanz. In Kameral- und ökonomischen Sachen ging die Appellation an die Justizdeputation der Kriegs- und Domänenkammer und die Revision an das Revisionskollegium des Generaldirektoriums. In kleinen Injuriensachen unterstanden Bürger- und Schutzverwandte, ebenso wie die Eximierten und Adligen, dem Polizeigericht. Vgl. Baczko, Königsberg 1804, 249; Leonhardi 1, 390. 397 ff.; Taschenbuch von Königsberg, 157; Conrad, Gesch. d. Kbg. Obergerichte, 252; Goldbeck, Topographie, 45 ff.; Rhode, Königsberger Stadtverwaltung, 103; Schaff, Justizwesen in Königsberg. Hartungsche Ztg. 1902, Nr. 55.

9) Ausser dem Wettgericht, dem ostpreuss. Commerz- und Admiralitätskollegium und dem Patronenamt hatte auch der Magistrat eine Handelsjurisdiktion, trotzdem er nach dem rathäusl. Reglement von 1783 Sekt. IV, § 2, kein Justizforum sein durfte, nämlich den Urteilsspruch über Streitigkeiten mit den Belehnten (Beleidigungen und Beeinträchtigungen). Der Magistrat nahm dies Recht für sich in Anspruch, weil ihm die Pflege der Belehnten oblag. Die Urteile wurden, wenn die Strafe mehr als 10 Reichstaler betrug, an die Justizdeputation der ostpreuss. Kriegs- und Domänenkammer zur Justifikation eingereicht, bei Sachen über 50 Reichstalern war Revision durch das Generaldirektorium möglich. Am 26. 2. 1805 verbot die Regierung dem Magistrat die Ausübung der Justiz, am 19. 3. 1805 gestand sie der Stadtverwaltung die Jurisdiktion wieder zu für Sachen, die nach dem Landrecht von 1794, Teil II, Tit. 17, § 61 der Polizei übergeben wurden. (Schreiben des Magistrats vom 14. 2. 1805 in K. St. A. Oberlandesgerichts-Registr., F. 981. K. 128; R. R. 372. Jurisdiktionssachen, Nr. 4.)

schlossen oder sogar aus der Gilde gestossen,[1]) was sehr häufig nach einem Konkurse[2]) eintrat, der durchaus nicht betrügerisch zu sein brauchte, aber in den Augen der Kaufmannschaft ein Verbrechen war, wenn der in Anspruch genommene Kredit das bewegliche und unbewegliche Vermögen des Bankrotteurs überstieg.

Es war den Königsberger Kaufleuten nicht verborgen geblieben, dass die Zunftgemeinschaft mit ihren veralteten und zum Teil schon übergangenen Einrichtungen bei der Gleichgültigkeit der eigenen Mitglieder zur Wahrung der Handelsinteressen nicht mehr ausreiche. Man hatte daher in der letzten Hälfte des 18. Jahrhunderts jeder Zunft einen besoldeten Rechtskonsulenten[3]) als juristischen Beirat zugeteilt. Ausserdem hielten die Gilden gemeinsam einen honorierten Agenten in Berlin,[4]) der mit dem Generaldirektorium in Verbindung stehen und die Interessen des Königsberger Handels in Juden- und Privilegienangelegenheiten auf Anleitung der Zünfte vertreten musste. Da aber die zunehmende Gefährdung des Handels eine „Aktivität" der Kaufleute durchaus nötig machte, wurde im Mai 1798 zur Ausführung der Beschlüsse, die auf den Handel und das ganze Corps der Kaufmannschaft Bezug hatten, das „Komitee einer löblichen Kaufmannschaft" gegründet; es bestand aus einem Repräsentanten, der im Kollegium den Vorsitz führte und Vortrag hielt, aus den drei Elterleuten der Zünfte und aus 9 gewählten Mitgliedern jeder Branche.[5]) Zu seinen Pflichten gehörte es, die Interessen der Kaufmannschaft den neuen Bewerbern auf Handel und Wandel gegenüber zu wahren und — darin stimmten auch die unzünftigen Grossbürger vollkommen

---

1) Schreiben der Kneiph. Kaufmannszunft vom 31. 5. 1791. K. St. A. Kaufm. Arch. Lit. V, Nr. 1.

2) Die Strenge der Ansichten jener Zeit kommt schon in den Edikten gegen die Bankrotteure vom 14. 6. 1715, 4. 2. 1725, 13. 7. 1743 zum Ausdruck. Und daran ändert auch nichts die mildernde Bestimmung des Landrechts, Teil II, Tit. 20, § 1479. Vgl. R. R. 372, Justizsachen, Nr. 7.

3) Vgl. den Beschluss der Löben. Kaufmannschaft vom 10. 3. 1797. Quartalbuch der Löben. Kaufmannszünfte. 1792—1800. Sonstige Bestände, Nr. 23.

4) Der Agent empfing 300 Rtlr. und Ersatz für sämtl. Auslagen, verfasste Berichte und stand in ständiger Korrespondenz mit den Zünften. Er betrieb die Geschäfte der Kaufmannschaft im Nebenamte. K. St. A. Kaufm. Arch. Lit. A, Nr. 24, vol. 1.

5) Bestätigt von den Kaufmannszünften des Kneiphofs und der Altstadt am 7. 5. 1798, von der des Löbenicht am 12. 5. 1798. K. St. A. Kaufm. Arch. Lit. V. Nr. 4. An seine Stelle trat am 11. 1. 1810 die Korporation der Kaufmannschaft.

B. Das Gewerbe.

mit den Gilden überein — auf die genaue Befolgung des Handelsreglements von 1755 zu achten, das im Gegensatz zur Wettordnung von 1734 den Kaufmann zum Fachmann erziehen wollte.[1]) Jeder sollte, ehe er sich selbständig zu machen suchte, mindestens 3 und höchstens 7 Jahre[2]) vorschriftsmässig als Lehrling und 6 Jahre als Gehilfe[3]) tätig gewesen sein. Der angehende christliche Kaufbursch meldete sich, wenn er 15 Jahre alt war, bei einem selbständigen Grossbürger, der den Handel betrieb, und wies seinen Geburtsbrief vor; war er königlicher oder adliger Untertan, so musste er einen Freibrief „produziren". Als Minimum der Kenntnisse war Fertigkeit im Lesen, Schreiben und im Rechnen mit den vier Spezies angesetzt. Nach einer vierteljährlichen Probezeit wurde zwischen dem Handelsherrn und dem Lehrlinge in der Regel ein schriftlicher Kontrakt[4]) vor den Elterleuten der Kaufmannszünfte abgeschlossen, auf dem der dirigierende Bürgermeister als Vorsitzender des Patronenamtes, wenn alle gesetzlichen Voraussetzungen erfüllt waren, seinen Konsens vermerkte. Alsdann inscribierte der Zunftelterman den Burschen ins Zunftbuch und verfertigte von dem Kontrakt eine Kopie, die der Zunft verblieb. War die Lehrzeit beendet, so wurde, nachdem der Kaufherr dem Burschen seine Tüchtigkeit „attestirt" hatte, vom Patronenamt gegen eine Gebühr von 1—2 Rtlr.[5]) der Gesellenbrief ausgeschrieben, und der neue Kaufgeselle ging in Kondition. Nach vierjähriger Gesellenzeit wurde ihm schon die Maskopie mit seinem Herrn gestattet. Der Stand des Grossbürgers und damit das Recht zum selbständigen Handel öffnete sich ihm aber erst nach vollbrachtem Examen vor dem Patronenamt, wofür er 3—6 Rtlr. Gebühren zu entrichten

---

1) Meier, 231. Vgl. Handelsreglement vom 16. 7. 1755. Art. 1 u. 2.

2) Nach den leges der Altstädtischen Kaufmannszunft vom 3. 2. 1677, Art. 14, wurden für einen fremden Kaufmannsburschen 6—8 Jahre, für einen Bürgerssohn 4—6 Jahre verlangt. K. St. A. Kaufm. Arch., Sonstige Bestände, Nr. 17.

3) Kam ein fremder Geselle nach Königsberg und wollte Bürger werden, so musste er, auch wenn er seine Gesellenzeit in einer Handelsstadt schon überstanden hatte, noch 2 Jahre bei einem Kaufmann konditionieren. Diese Bestimmung der Wettordnung von 1734, Tit. 3, Art. 5, galt auch noch 1755.

4 Nur zwischen Verwandten und Freunden wurde ein mündlicher Kontrakt gemacht. Sehr häufig musste der Vater des Lehrlings sich verpflichten, bei Aufgabe des Berufs in der Lehrzeit eine Geldsumme an den Lehrherrn zu zahlen. K. St. A. Kaufm. Arch. Lit. L, Nr. 19, vol. 1.

5) Magistratssportelordnung vom 13. 9. 1783, Lit. K. Oberlandesgerichtsregistr., Lit. F. 981. K. 128.

hatte.[1]) Alle diese Bestimmungen galten für die Kaufburschen und Gesellen zünftiger und unzünftiger Grossbürger.[2]) Gelang es dem Bewerber „nach Bekundung seiner Handelstalente" den Magistrat zu gewinnen, und war der Kampf mit den immer argwöhnischen, die Stadtverwaltung beeinflussenden Kaufmannszünften, sehr häufig auf Grund einer königlichen Verfügung, beendet, so konnte er als Grossbürger die dem Stande anhängenden fürnehmsten Rechte ausüben, nämlich den Handel in jeder Branche mit jedermann, den Einkauf auf Vorrat von allen Erzeugnissen der Natur und des Marktes,[3]) den Betrieb von Banken, Speditionsgeschäften, Seeschiffsreedereien und den Buchhandel en gros.[4]) Es fehlte ihm noch die Aufnahme in die Zunft und das damit verbundene Recht zum Kleinhandel.[5]) Doch gab es auch hier für den Gildekaufmann ein Minimum, unter dem er nicht verkaufen durfte, um nicht den Hökern in das Handwerk zu pfuschen;[6]) für Getreide betrug es 1 Scheffel, für Feingut $\frac{1}{4}$ Stein.[7]) Gleichzeitig ergriff der neue Grossbürger von den der Stadt eigentümlichen Privilegien Besitz, deren Inanspruchnahme und Ausübung seit Jahrhunderten seinem Stande reserviert geblieben war; es waren das Stapelrecht, das Bürgerbest, das Krumpfmass und die Brake.[8])

Das Stapelrecht[9]) — ius stapulae, emporii et depositorii —

1) Magistratssportelordnung, Lit. E.
2) Handlungsordnung von 1755, Art. 3, § 9.
3) Künstler und Handwerker hatten nur den Wiederverkauf ihrer eigenen Erzeugnisse.
4) K. Stdt. A. A, 99. Handelssachen. Generalia, Nr. 2.
5) Im 17. Jahrhundert gab es neben den 3 Kaufmannszünften in Königsberg noch eine Krämerzunft, und die zünftigen Grossbürger hatten scheinbar damals nur das Recht auf den Handel en gros. Gemäss der Einigung der Zünfte der Kaufleute und Mälzenbräuer mit der Krämerzunft vom 26. 2. 1722 musste der, welcher den Handel en détail ausüben wollte, Mitglied der Krämerzunft werden (Art. 9). Allerdings konnte niemand Krämer werden, der nicht schon einer Kaufmannszunft der 3 Städte angehörte (Art. 3). In der Zeit von 1722—34 scheint die Krämerzunft ganz in den Kaufmannszünften aufgegangen zu sein, da später nicht mehr von ihr die Rede ist. K. Stdt. A. A, 83. Gewerbesachen. Kaufleute. Nr. 2, vol. 1.
6) K. St. A. Etatsm. 81c, 2, Privilegium und Zunftordnung vor die in der Kgl. Haupt- und Residenzstadt befindlichen sämbtlichen Höker. 20. 12. 1748, Art. 11.
7) Wettordnung von 1734, Tit. 2, Art. 2; Tit, 4, Art. 1.
8) Armstedt, 197.
9) Urkunden über das Stapelrecht sind vollständig angeführt und ausgezogen in einer anonymen Schrift „Das Königsberger Stapelrecht", die man Hippel zuschreibt (gegen diese Ansicht wendet sich Meier, 294). Über Stapelrecht siehe ferner Meier, 227. 290 ff.; Taschenbuch von Königsberg von 1829, 294; Leonhardi 1, 511; K. Stdt. A. A, 92. Handlungssachen, Nr. 17.

bestand laut der Wettordnung von 1734[1]) in der Verpflichtung, alle aus dem Hinterlande Preussens, aus Russland, Litauen, Kurland, Polen über Preussen gehende Güter nach Königsberg zum Verkauf zu bringen. Andererseits mussten alle Waren, die über die Ostsee in Pillau[2]) eingeführt wurden, gleichfalls in den Städten niedergelegt werden. Ausgenommen waren die Güter, die auf der Achse ankamen,[3]) und ferner die Erzeugnisse des inländischen Kunstfleisses und Sachen, die der Konsument sich zum eigenen Gebrauch verschrieben hatte. Die grösste Beeinträchtigung dieses ertragreichen Privilegiums erfuhren die Königsberger Kaufleute durch die Einverleibung Danzigs in den preussischen Staat. Bis 1793 hatte das Stapelrecht auch auf Westpreussen Anwendung gefunden, und die Grossgilden der 3 Städte waren vom Staat öffentlich und heimlich unterstützt worden. Nunmehr erklärten aber die Danziger Kaufleute ihre Stadt zum Stapelplatz der Güter des Hinterlandes und nahmen den Kampf gegen Königsberg auf.[4]) Um diese Zwistigkeiten aus der Welt zu schaffen, trat die Kriegs- und Domänenkammer an die 3 Städte am 4. September 1804 mit dem Vorschlage heran, ein kurzes klares Gesetz zu schaffen und die Grenzen des Stapelrechts genau zu bestimmen; jedoch die darüber beratende Kommission — sie bestand aus 10 Kaufleuten und 1 Magistratsmitglied, — lehnte den Vorschlag ab und erklärte von dem Vorrecht, das ihre Vorfahren wohlhabend gemacht hätte, und auf dem die Blüte Königsbergs beruhe, nicht lassen zu können.[5])

Das Bürgerbest war nach einer Erläuterung des Oberbürgermeisters Hippel[6]) ein geringes Aufgewicht beim Einkauf zur Ent-

---

1) Tit. III, Art. 4. Im Anfange des 18. Jahrhunderts war das Stapelrecht schon erneuert worden durch die Wettordnung von 1715, Art. 12 und am 9. 6. 1729 war das verschärfte Verbot erlassen worden, das den Polen untersagte, Königsberg zu umfahren.

2) Pillau war nur Vorhafen und durfte keinen Engroshandel treiben, sondern nur Kunstgewerbe. K. Stdt. A. A, 99. Handlungssachen. Generalia, Nr. 2.

3) Gingen sie zu Wasser weiter, so unterstanden sie dem Stapelrecht.

4) Einen Bundesgenossen fand Danzig in Memel. Die Memeler warfen den Königsbergern vor, dass diese mit ihrem rigorosen Stapelrecht die Polen zwängen, Libau und Riga aufzusuchen. Sie erklärten, dass die Königsberger Grossbürger als Hüter der Ostgrenze die Verantwortung für den Niedergang der Ostseehäfen hätten. Schreiben vom 3. 2. 1804 an den König. (K. Stdt. A. A, 92. Handlungssachen, Nr. 13. Vgl. Meier, 293.)

5) Die Verhandlung siehe in R. R. 711, Stapelrechtssachen, Nr. 2.

6) K. St. A. Kaufm. Arch. Lit. B, Nr. 10, vol. 1; Nr. 52, vol. 1; K. Stdt. A. A. 99 Handlungssachen, Generalia, Nr. 2; Meier, 282. 309.

schädigung des Kaufmanns mit Rücksicht auf die lange Zeit, die er seine erworbenen Waren für eigene Rechnung liegen lassen musste.[1]) Diese Begründung war ohne Zweifel in früheren Jahrhunderten berechtigt gewesen, da der in den exponierten Städten wohnende Händler die Güter auf sein Risiko einkaufte und bei dem geringeren Seeverkehr nicht Aussicht hatte, sie sofort abzusetzen. Für das 17. und vor allem für das 18. Jahrhundert traf das aber nicht mehr zu, da der Königsberger Kaufmann infolge der günstigen Existenzbedingungen den gefährlicheren Spekulationshandel aufgegeben hatte und in eine vermittelnde Stellung hineingedrängt worden war. Der Landtagsabschied von 1629 und das Reskript vom 24. 2. 1682,[2]) welche die Erhebung des Bürgerbestes verboten, waren ohne Geltung geblieben, und für das 18. Jahrhundert fundierte die Stadt wahrscheinlich auch mit königlicher Bewilligung ihr Recht durch die Wage- und Brakordnung vom 20. 11. 1724[3]) und ordnete an, dass von Waren, die aus Polen, Russland und Litauen gekauft würden (z. B. Hanf, Flachs, Talg, Leder, Pflaumen, Juchten, Borsten, Bast, Heede, Tabakblätter) 4 % des Gewichts als Bürgerbest genommen werden könnte; bei Wachs und allen Gütern, die zur See ankämen, sollte das Aufgewicht nur 2 %[4]) betragen. Die Ausübung dieses Rechts stünde jedem Grossbürger ohne vorhergehende Abmachung stillschweigend zu. Durch Resolution des Hofes vom 21. 6. 1738 wurde das Bürgerbest bestätigt,[5]) erneuert durch die Brakordnung von 1747, aber eine rigorose Anwendung verboten. Jedoch diese schwache Beschränkung vermochte nicht, die Fremden vor Missbrauch zu schützen. Eine allgemeine Konfusion riss ein, und trotzdem die Regierung andauernd dagegen Front machte, und die Zolldirektion am 27. 4. 1765 das Recht sogar vorübergehend für 5 Jahre annullierte, wurde sie um 1800 am grössten, da bei dem abflauenden Handel der Kaufmann durch rechts-

---

1) Memorial des Oberbürgermeisters Hippel in K Stdt. A. A. 100. Handlungssachen, Generalia, Nr. 12.

2) Meier, 309.

3) Erneuert wurde sie am 6. 2. 1725 (A, 100. Handlungssachen, Generalia, Nr. 12). Hennig und Frischbier geben an, dass nach einem Edikt von 1691 das Bürgerbest bei 100 Pfund nur 2 Pfund, bei 100 Scheffel, Tonnen, Stof nur 2 % betragen durfte. Demnach sind die Bürger in ihrer Brakordnung von 1724 über die Ordnung des Staates hinausgegangen. Vgl. Frischbier, Preuss. Wörterbuch 1, 119 ff. Hennig, Wörterbuch, Königsberg 1785, 41.

4) Brakordnung vom 20. 11. 1724, Tit. 3, § 1. Dann übernommen in die wenig geltende Brakordnung von 1747, Tit. 4, § 1.

5) K. Stdt. A. A, 100. Handlungssachen, Generalia, Nr. 12.

B. Das Gewerbe.

widrige Anwendung des Vorrechts dem Defizit abhelfen wollte. Man nahm das Bürgerbest ganz nach Gutdünken, ohne sich um die Ordnung von 1724 zu kümmern, vom Hopfen sogar 20 %,[1]) vom Salz 30 %;[2]) dabei hatte sich die Gewohnheit eingebürgert, von diesem Aufgewicht keine Accise zu entrichten.[3]) Gegen diesen Unfug wandte sich das Handlungspublikandum vom 24. 3. 1803,[4]) das den in der Brakordnung von 1724 gegebenen Normen Geltung verschaffte.[5])

Die neue Handelsverordnung Friedrich Wilhelms III. beschäftigte sich auch mit dem in anderen Städten üblichen Gewohnheitsrechte des Ein- und Ausmassscheffels, Krumpfmass[6]) genannt. Man verstand darunter die Verschiedenheit der Masse und Gewichte beim Ein- und Verkauf. Dieser Brauch hatte sich beim Getreide- und Salzhandel entwickelt, da die Polen, die bedeutendsten Lieferanten, ihre Güter nass zu liefern pflegten,[7]) um einen grösseren Gewinn zu erzielen, und die Kaufleute deshalb beim Einkauf auf eine Last Getreide 60 Scheffel,[8]) auf eine Last Salz 18 Tonnen, beim Verkauf aber nur 56½ Scheffel und 16 Tonnen rechneten. In der letzten Hälfte des 18. Jahrhunderts erhöhte man willkürlich die Differenz, liess die Verkaufslast nur noch 55, 50 ja 45 und 40 Scheffel, 15 und 10 Tonnen betragen und wandte diese Taktik möglichst auf alle Pro-

---

1) Schreiben vom 13. 4. 1788. Ebenda.

2) Meier, 309; Armstedt, 197.

3) Man pflegte ausserdem von der Ware erst noch die Tara abzuziehen und sie möglichst hoch in Anschlag zu bringen, dann nahm man erst das Bürgerbest. A, 100. Handlungssachen, Generalia, Nr. 12.

4) Publikandum wegen Abstellung verschiedener Missbräuche beim Königsberger Handel mit russischen und einländischen Produkten. 24. 3. 1803. Ebenda.

5) Es wurde ausserdem für vollkommen einwandfrei erachtet, das Bürgerbest vom Netto allein zu nehmen. Das Publikandum von 1803 setzte die Tara bei einem Gewicht von 60 Steinen auf 10 % fest, bei Ballen und Kisten musste das Gewicht genau ausgewogen werden, bei Zuwiderhandlung 100—33 Rtlr. Strafe, evtl. Entziehung des Handels (Handelspubl. v. 1803, Art. 3). Bei schriftlichen Verträgen musste in Zukunft das Bürgerbest ausdrücklich erwähnt werden, bei mündlichen wurde es vorausgesetzt (Art. 5).

6) Meier, 308 ff.

7) Frischbier, Wörterbuch 1, 436.

8) Ein alter Scheffel von 1806 — 1,0992 neuer Scheffel — 54,961 Liter. Ein grosser Stein — 30 Pfund, ein kleiner Stein — 18,1818 Pfund. Vgl. Nelkenbrecher, 121 ff. und Kletke, Mass und Gewichtsordnung vom 17. 8. 1868, 2. Aufl., Berlin 1871, 44 ff.

dukte an, die man an die Fremden verkaufte.[1]) Ausserdem verstanden es die Königsberger Kaufleute, den Ein- und Ausmassscheffel mit dem Bürgerbest zu verquicken. Das Publikandum des Hofes von 1803 beschränkte sich darauf, die gröbsten Missstände zu beseitigen; es wurde das alte Gewohnheitsmass von 56½ Scheffel im Verkauf und 60 im Einkauf wieder eingeführt,[2]) die Anwendung auf wenige Branchen hauptsächlich Getreide beschränkt, das Krumpfmass vom Bürgerbest in der Berechnung streng geschieden und Revision der öffentlichen Gewichte und Masse durch die Kammer angesetzt.[3])

So blieb auch die Einrichtung der Brake bestehen, die zwar den grössten Schein einer gerechten Massnahme für sich hatte, in Wirklichkeit aber den Kaufleuten zum Deckmantel gewohnheitsmässiger Übervorteilungen diente. Die Brake[4]) war eine Bewertung und Sortierung der in Königsberg einlaufenden Güter mit Ausnahme des Getreides, die auf Kosten des Verkäufers zwangsweise vorgenommen wurde. Sie ist schon in der Städtewillkür von 1394 erwähnt und für das 18. Jahrhundert durch die Brakordnungen von 1724 und 1747 neu geregelt. Nach der Ansicht des Oberbürgermeisters Hippel konnte sie nicht scharf genug sein,[5]) da bei den Polen und Litauern so verfälschte Waren unterliefen, dass der Kaufmann nachher den Schaden hatte. Die Brake fand nicht bei Getreide statt,[6]) auf jeden Fall aber bei Hanf, Flachs, Borsten, Asche, Leinsaat, Heringen, Seefischen und Teer, bei anderen Artikeln nach Abmachung. Die gebrakte Ware wurde mit einem Kennzeichen versehen und durfte bei Verlust des Gutes nicht höher im Preise verkauft werden, als der Braker bestimmte. Man teilte den Hanf in „Feinhanf und Schnitthanf" ein. Flachsgattungen waren Krongut und Braksbrak. Die

---

1) Beim Verkauf ins Inland und zur Konsumption wurde das Krumpfmass nicht angewandt. Die Verkaufslast betrug dann 60 Scheffel. Magistratsbericht vom 21. 10. 1793. K. Stdt. A. A, 100. Handlungssachen, Generalia, Nr. 12.

2) Handelspubl. vom 24. 3. 1803, Art. 1. Baczko, Königsberg 1804, 393. Durch Verquickung des Bürgerbests und des Krumpfmasses hatte der Grossbürger bis 1803 an einer Last oft 12—15 Scheffel herausgeschlagen. Noch 1803 betrug der Profit nur noch 6 Scheffel höchstens per Last.

3) Handelspubl. von 1803, Art. 2. Kriegs- und Domänenkammerbericht vom 5. 8. 1803. R. R. 480. Kämmereisachen, Generalia, Nr. 2.

4) Brack richtiger Brak d. i. Ausschuss, das als fehlerhaft Ausgesonderte. Frischbier, Wörterbuch 1, 101. Ursprünglich wurde es nur von Glaswaren gebraucht, die zerbrochen waren.

5) Memorial des Bürgermeisters v. Hippel, K. Stdt. A. A, 99, Handlungssachen, Generalia, Nr. 2.

6) Für das Folgende siehe A, 99, Handlungssachen, Generalia, Nr. 2.

Asche wurde genannt Kron, Notabene, Brak, Braksbrak. Heringe unterschied man nach Guttgut, Gut, Doppelgut, Kreuzgut, Viertelgut, Verfault. Dieses in Königsberg damals gebräuchliche Verfahren wäre berechtigt gewesen, wenn es sich lediglich darum gehandelt hätte, das Risiko des Kaufmanns zu verringern und auf alle Anwendung gefunden hätte, aber die Brake wurde ausschliesslich beim Angebot der Fremden vorgenommen, also nur bei dem Einkauf, den der Grossbürger machte. Es war für diesen ein leichtes, die als minderwertig beurteilte Ware des Polen für einen Schundpreis aufzukaufen, und es blieb ihm unbenommen, sie im Ausland abzusetzen, ohne dass ihm jemand den Preis für den Verkauf festsetzte. Die Braker waren ausserdem selbst Grossbürger, denen die notwendige Unparteilichkeit mangelte.

Die Braunahrung.

Die zweite Gruppe der Grossbürger bildeten die sehr angesehenen Mälzenbräuer.[1]) Ihre Rechte waren durch die Konfirmation über das Privilegium der Königsbergischen Mälzenbräuer vom 15. März 1721 geregelt.[2]) Die Braugerechtigkeit haftete am Grund und Boden gewisser Häuser in den drei Städten und war nur zünftigen Grossbürgern zugänglich. Auf den königlichen Freiheiten und in den Vorstädten waren nur einige Häuser besonders privilegiert.[3]) Niemand durfte

---

1) Horn, 562, meint, die Mälzenbräuer seien entstanden aus den Zünften der Mälzen und Brauer. Die Vereinigung hätte schon im 14. Jahrhundert stattgefunden. Dass die Zünfte der Mälzenbräuer sich selbst für sehr alt hielten und ihre Entstehungszeit noch vor den Kaufmannszünften annahmen, davon geben die Akten öfters Kunde. Sie schreiben, sie befänden sich „in immemoriali praesentanea et quieta possessione" ihrer Gerechtsame. Memorial der Mälzenbräuer vom 2. 4. 1754. K. St. A. Kaufm. Arch. Lit. G, Nr. 26, vol. 2.

2) Diese Konfirmation vom 15. 3. 1721 (K. St. A. Regierungskommunalregistratur, Spec. 20, Tit. II, Nr. 4 und Regierungsgewerberegistratur, Spec. 20, Tit. III, Nr. 11) nimmt auf die früheren Privilegien, besonders auf das vom 28. 7. 1686, Bezug, dessen Ergänzung die Brauordnung vom 9. 3. 1709 bildet. Vgl. für das Folgende Bartisius, Die Königsberger Brauereien und ihre Gerechtigkeiten. Neue Preuss. Provinzial-Bl., Bd. 7, 1849, 73 ff. und K. Stdt. A. A, 23, Brausachen, Nr. 17. — Für die Konfirmation wurde bezahlt am 12. 8. 1720 500 Dukaten oder 1333 Rtlr. 8 Groschen und am 3. 10. 1722 300 Rtlr. an die Rekrutenkasse. Bartisius, 73 und A, 23, Brausachen, Nr. 17.

3) Am Ende des 18. Jahrhunderts waren es vier, 1806 aber nur noch drei.

mehr als ein Brauhaus besitzen.¹) Den Eximierten und den Adligen in der Stadt stand das Braurecht nicht zu.

Das Reskript vom 4. Oktober 1747 erneuerte die alte Form, und auch das die Brauordnung von 1709 ersetzende Reglement vom 8. September 1785²) und seine Deklaration vom 26. September 1800 änderte hieran nichts.³) Als der König am 11. Februar 1804 den in der Brauordnung von 1785 sanktionierten Brauzwang,⁴) nach dem die Mälzenbräuer nur eine gewisse Anzahl von Gebräuen brauen durften, aufhob und am 18. Juli 1806 den Taxzwang beseitigte,⁵) der den Mälzenbräuern verbot, das Bier anders als zu dem festgesetzten Preise zu verkaufen, griff er damit keineswegs ihre Grundrechte an. Die einzige wesentliche Neuerung, welche die Mälzenbräuer um die Mitte des Jahrhunderts selbständig einführten, und die vollkommen im Einklang mit dem Landrecht stand,⁶) lag in der Bestimmung, dass Brauhäuser verpachtet werden konnten.⁷) Damit kamen sie dem wohlhabenderen Teil ihrer Zunftgenossen entgegen zum grossen Schrecken⁸) der starren „Privilegienfresser", die sogar eine Übersiedelung des Brauherrn in ein Privathaus nicht dulden wollten und sich aufs heftigste widersetzten, als die feuergefährlichen Darrhäuser⁹) ausserhalb der Stadt verlegt werden sollten.¹⁰)

Schon 1721 zeigte es sich, dass die Zahl der Brauhäuser — Königsberg hatte damals 251 — den Bedarf weit überstieg. Die Regie-

---

1) Vgl. Schreiben der Zünfte an das Braukollegium vom 9. 7. 1760. Regierungskommunal-Registratur, Spec. 20, Tit. 2, Nr. 4. Vgl. Baczko, Königsberg 1787, 530 Königsberg 1804, 407.

2) Neurevidierte Brauordnung vom 8. 9. 1785. K. St. A. Regierungsgewerbe-Registratur, Spec. 20, Tit. III, Nr. 1 I und K. Stdt. A. A, 84, Brausachen, Nr. 1.

3) Die Deklaration siehe in Regierungsgewerbe-Registratur, Spec. 20, Tit. III, Nr. 1 I. Vgl. Schreiben der Mälzenbräuerzünfte an den König vom 24. 3. 1812. Regierungskommunal-Registratur, Spec. 20, Tit. II, Nr. 4.

4) Brauordnung von 1784, Abschnitt I, § 12.

5) Abschnitt I, § 26.

6) Landrecht von 1724, Teil I, Tit. 23, § 87, Teil II, Tit. 8, § 431. Der Berechtigte kann die Ausübung seines Rechts auch auf einen Dritten übertragen.

7) Baczko, Königsberg 1787, 530 und Königsberg 1804, 407.

8) Schreiben der Elterleute an das Braukollegium vom 9. 7. 1760. Regierungskommunal-Registratur, Spec. 20, Tit. 2, Nr. 4.

9) Darre ist eine Vorrichtung zum Dörren des Malzes. Hennig, Wörterbuch, 50.

10) Bericht der Polizeidirektion an den König vom November 1787. Regierungskommunal-Registratur, Spec. 20, Tit. 2, Nr. 4.

B. Das Gewerbe.

rung beschloss daher, von der Erteilung neuer Privilegien abzusehen und empfahl das Zusammenziehen mehrerer Gerechtigkeiten.[1]) Aber erst 1773 am 2. November[2]) nach mehrfachen Aufforderungen der Kriegs- und Domänenkammer gründeten die Mälzenbräuerzünfte die Häuseraufskaufskasse, die am 1. Juni 1774 eingerichtet wurde mit der Bestimmung, die 1721 empfohlene Verringerung der Brauhäuser durchzuführen durch Enteignung und Zwangsbefriedigung[3]) strafbarer Brauherren oder durch Auskauf. Sie war als Privatkasse der Zünfte gedacht und stand unter Aufsicht des Braukollegiums. Ihre Einnahmen bestanden in einer Steuer, die von den Malzsäcken, welche der Mälzenbräuer zu einem Gebräude brauchte, erhoben wurde; sie betrug zuerst 15 Groschen, wurde aber 1806 auf 20 Groschen für den Sack erhöht. Die Verwaltung war sehr mangelhaft.[4]) Da die Idee eines Enteignungsverfahrens nicht durchführbar war und bis 1806 wohl kaum angewandt wurde, weil man bei den regelmässig wiederkehrenden Zuwiderhandlungen in allen Betrieben unmöglich bei einem beliebigen ein Exempel statuieren wollte, so war man lediglich auf den Auskauf der Gerechtigkeiten angewiesen, die aber von den Zünften, um den Wert des eigenen Besitzes nicht zu drücken, viel zu teuer bezahlt wurden.[5]) Ausserdem bestanden andauernd Differenzen in den Einnahmen zwischen den Tagebüchern, welche die Zünfte führten und dem Hauptbuch des Braukollegiums. Die Verwaltungskosten waren unnötig hoch und die einkommenden Summen wurden sehr oft zu anderen Zwecken verwandt.[6]) Die Folge von hoch zu verzinsenden

---

1) Vgl. die gleichlautende Bestimmung in der Brauordnung von 1785, Sekt. I, § 3.

2) Siehe für das Folgende K. Stdt. A. A, 22, Acta den Auskauf der Mälzenbräuerhäuser und das dazu erforderliche Kapital betr. 1806—11. (Schreiben der Zünfte an den Magistrat vom 17. 11. 1806) und K. St. A. Regierungsgewerbe-Registratur, Spec. 20, Tit. 3, Nr. 9a. Ferner Bartisius, 76 ff.; Armstedt, 252.

3) Das Braukollegium konnte, wenn ein Mälzenbräuer die Zahl der in der Brauordnung von 1785 festgesetzten Gebräue nicht hielt, das Braurecht des Hauses einziehen und den Eigentümer zwangsweise befriedigen. Schreiben der Mälzenbräuer an den König vom 24. 3. 1812. Regierungskommunal-Registratur, Spec. 20, Tit. 2, Nr. 4.

4) Für das Folgende siehe K. Stdt. A. A, 27, Acta die Revision der Mälzenbräuerhausauskaufskassenrechnungen betr. 1798/99—1807/08.

5) Es wurden einzelne Braugerechtigkeiten, die 1774 und 1806 ausgekauft wurden, mit 40 000 bis 42 000 Gulden bezahlt.

6) So sind nach Bartisius S. 77 18 526 Gulden wahrscheinlich als Pensionsgelder verwandt worden. Auch scheinen die Zünfte mit den Geldern spekuliert zu haben.

Kapitalaufnahmen¹) war eine drückende Schuldenlast.²) Seit 1774 zeigte die Zahl der Brauhäuser eine fallende Tendenz, und infolge der erneuten Forderung der Brauordnung von 1785, welche die Zahl bis auf 200 herabdrücken wollte,³) sank sie bis 1806 um 48 und betrug noch 203; davon kamen auf den Löbenicht 86, auf die Altstadt 94, den Kneiphof 20 und die Freiheiten 3 (je eine auf den Tragheim, den Rossgarten und die Neue Sorge).⁴)

Infolge dieser Verminderung der Konkurrenz und bei der steten Gunst der Regierung brauchten die Mälzenbräuer des 18. Jahrhunderts nicht in einem erbitterten Kampfe, wie die Kaufleute, ihre Privilegien zu verteidigen. In der Regel nahmen sie nur im Schlepptau der eng befreundeten Handelsgilden zu den das Grossbürgertum interessierenden Fragen Stellung. Unzünftige⁵) Mälzenbräuer gab es nicht. Die 3 Zünfte,⁶) deren Reglement allein von den Räten der Stadt sanktioniert war, und die ein vom Könige konfirmiertes Zunftverhältnis garnicht besassen,⁷) brauchten nur denjenigen in ihre Ge-

---

1) Die aufgenommenen Kapitale von 1800/1806 betragen allein 648 100 Gulden. Davon sind 1806 224 250 Gulden aufgenommen. Die Rückzahlung von 1800/6 betrug nur 383 850 Gulden.

2) 1813 betrugen die Schulden 125 940 Gulden. Zur Deckung war ein Kapital von 4150 Gulden vorhanden. Bartisius, 77.

3) Schreiben der Mälzenbräuer an den König vom 24. 3. 1812. Regierungskommunal-Registratur, Spec. 20, Tit. 2, Nr. 4. Vgl. Brauordnung von 1785, Abschn. I, § 4.

4) K. Stdt. A. A, 25, Finanztaschenbücher, Nr. 29. 1785 gab es in Königsberg noch 224 Brauereien, im Kneiphof 31, in der Altstadt 102, im Löbenicht 87, auf den Freiheiten 4 (Baczko, Königsberg 1787, 529) 1789 und 1791 ebensoviele. (Leonhardi 1, 576; Armstedt, 252), 1804 nur 211 (Baczko, Königsberg 1804, 229), 1808 nur 201 (Rohrscheidt, 449). Durch das Gesetz vom 7. 9. 1811 und die Deklaration vom 11. 7. 1822 trat das Braugewerbe in die Reihe der freien Berufe. 1821 gab es noch 201 Brauereien. Es waren aber nur 120 davon in Betrieb. 1828/29 nur noch 83; in der Altstadt 16, im Löbenicht 65, im Kneiphof 1, auf den Freiheiten 1. 1848 gab es nur noch 37 im Löbenicht. Die letzte im Kneiphof erlosch 1833, in der Altstadt 1847 (Taschenbuch für Königsberg von 1829, 130 und Bartisius, 18).

5) Brauordnung von 1783, Sekt. I, Art. 6; Landrecht, Teil 2, Tit. 8, § 433.

6) Im Löbenicht war die Mälzenbräuerzunft die erste, dagegen im Kneiphof und der Altstadt die der Kaufleute. Baczko, Königsberg 1804, 229.

7) Die Konfirmation vom 15. 3. 1721 betraf nur die ihnen als Grossbürgern zustehenden Braurechte. Am 4. 3. 1810 erklärte die Polizeidirektion der ostpreuss. Regierung, dass bei den Mälzenbräuern ein eigentliches Zunftverhältnis garnicht anerkannt werden könnte, da die Zünfte nur Privilegien besässen, die von den Räten der Städte bestätigt waren, dagegen nicht vom

B. Das Gewerbe.

meinschaft¹) aufzunehmen, der den Kaufbrief²) eines Brauhauses oder mindestens hinreichende Geldmittel zum Betrieb aufwies.³) Eine Lehrlingszeit und eine Fachbildung wie bei den Kaufleuten war für den Mälzenbräuer nicht erforderlich. Der Andrang war, da nur vermögende Leute Braugerechtigkeiten erwerben konnten, sehr gering.

Der Wert der einzelnen Brauhäuser ist sehr verschieden gewesen. Die Versicherungssummen schwankten bei Beginn des 19. Jahrhunderts zwischen 9395 Rtlr. und 50 Rtlr.⁴) Nicht alle Brauhäuser wiesen vollständige Braueinrichtungen auf,⁵) aber man bezahlte das Privilegium; dem neuen Besitzer blieb es überlassen, ob er nicht den Betrieb vergrössern und die volle Zahl der vom Braukollegium gestatteten Gebräude brauen wollte. Der Preis einer Gerechtigkeit betrug in jener Zeit durchschnittlich 12—15 000 Gulden⁶) (4 bis

Staate. Löbenicht.Mälzenbräuerzunft Priv.vom 4. 5. 1644, die Kneiphöf. Priv. vom 14. 7. 1665 und die Altstädt. Priv. vom 10. 9. 1670. Zwar hätten die Altstädtischen Mälzenbräuer am 5. 7. 1717 ein Reglement von 22 Artikeln dem Könige eingereicht, es wäre aber nie konfirmiert worden. Vgl. K. Stdt. A. A, 84, Brausachen, Nr. 6. Die Originalhandschrift der Mälzenbräuerzunft vom Löbenicht vom 4. 5. 1644 s. A, 84, Brausachen, Nr. 33. Eine Abkürzung des Altstädtischen Mälzenbräuerregl. vom 5. 7. 1717 s. A, 83, Gewerbesachen. Kaufleute, Nr. 2, vol. 1. Eine Abschrift der Kneiph. Mälzenbräuerzunftordnung vom 14. 7. 1665 s. A, 84, Brausachen, Nr. 11.

1) Vgl. Löbenicht. Mälzenbräuer-Regl. vom 4. 5. 1644, Art. 6. Es soll in Zukunft nicht jedem ohne Unterschied die Nahrung zu treiben nachgegeben werden. Es soll hinfort geringen und schlechten Leuten die Nahrung nicht verstattet sein. Siehe ferner Memorial der Mälzenbräuer vom 2. 4. 1754. K. St. A. Kaufm. Archiv. G, Nr. 26, vol. 2.

2) Landrecht, Teil II, Tit. 8, § 430. Braugerechtigkeiten, die auf Häusern ruhen, können in der Regel nicht ohne Grundstücke veräussert werden. Das traf auch für Königsberg zu.

3) Memorial der Mälzenbräuer vom 2. 4. 1754 (Lit. Gr., Nr. 26, vol. 2 und Schreiben der Mälzenbräuer an den Magistrat vom 3. 8. 1799. R. R. 18, Bürgersachen, Nr. 2).

4) Es handelt sich um Häuser im Löbenicht, dem Hauptsitz der Mälzenbräuer. Daselbst sind im Kataster (1801—1803) Häuser mit 9395, 8811, 6056 Rtlr., aber auch mit 100, 90, 50 Rtlr. versichert (Regierungskommunal-Registratur, Spec. 20, Tit. II, Nr. 4).

5) Viele Mälzenbräuer haben gemeinschaftliche Darren und Braupfannen. K. Stdt. A. A, 26 die Reissgelder der Mälzenbräuerzünfte betr. 1808—1812.

6 Man rechnete den Wert eines Privilegiums auf folgende Weise aus: Jedes Brauhaus hat das Recht, 15 Gebräue jährlich zu brauen. Der Gewinn war nach der Brauordnung von 1785, Abschn. 4, § 7 bestimmt auf 36 Rtlr. 13 Groschen, 6 Schill. Das beträgt bei 15 Gebräuen 542 Rtlr. 20 Groschen. Setzt man 242 Rtlr. und 20 Groschen für Miete und Onera an, so sind 300 Rtlr. Reingewinn zu 6 % die Zinsen eines Kapitals von 5000 Rtlr.

5000 Rtlr.). Jedoch gab es Brauhäuser, die mit 40 000 Gulden bezahlt wurden.[1]) Rohrscheidt[2]) veranschlagt sämtliche Braugerechtigkeiten auf 800 000 Rtlr., und die Zünfte schätzten 1804 die 201 Häuser auf 1 005 000 Rtlr.[3]) Es war also ein erhebliches Kapital notwendig, um Mälzenbräuer zu werden, und da bei dem numerus clausus neue Privilegien nicht vergeben wurden, so kamen in der Regel nur Söhne und Schwiegersöhne als Erben in die Zunft. Allerdings war, wie bei den Kaufmannsgilden, die Aufnahme von kleinbürgerlichen Handwerkern zulässig,[4]) aber sie blieb bei dem Mangel an Geldmitteln auf dem Papier. War auch der Absatz nicht mehr so gross wie im 16. und 17. Jahrhundert, und liess die in den letzten 50 Jahren herrschende Teuerung den Bierkonsum zurückgehen,[5]) so sicherte doch der Besitz eines Brauhauses, da keine Konkurrenz durch Import[6]) befürchtet werden brauchte, eine bequeme Stellung die einer Versorgung gleichzuachten war.[7]) Freilich ist die Rente von 1000 Rtlr., die Schubert für die Mälzenbräuer jährlich im

1) Baczko, Königsberg 1787, 532; Königsberg 1804, 409. Nach der Gewerbefreiheit schätzte die Regierung die einzelnen Privilegien in dem Regulativ, die Organisation und Amortisationskasse der Mälzenbräuer betreffend, Königsberg, 5. 1. 1821, bestätigt am 25. 1. 1821, § 3 auf 21,07 Rtlr. und 87 Groschen. Vgl. Bartisius, 83.

2) S. 447.

3) Schreiben der Mälzenbräuer vom 24. 3. 1812 an den König. Regierungskommunal-Registratur, Spec. 27, Tit. 2, Nr. 4.

4) Schon in dem Zunftreglement vom 14. 7. 1665, Art. 20, der Kneiphöfischen Mälzenbräuerzunft stand: Handwerker können in die höhere Nahrung der Mälzenbräuer aufgenommen werden mit Bewilligung des Rats, bes., wenn die Witwen und Töchter heiraten. Vgl. Rohrscheidt, 19.

5) K. Stdt. A. A, 25, Finanztaschenbücher, Nr. 29. Der Bierkonsum geht in den Städten sehr zurück. (Vgl. Reproduzenda der Taschenbücher Nr. 23, 24, 29.) Infolge der allgemeinen Teuerung wäre der Malzverbrauch noch geringer gewesen, wenn nicht als Ausgleich der Export auf das flache Land sich bedeutend gehoben hätte. Er steigt 1755/56 von 4466 Tonnen bis auf 11 550½ Tonne 1804/5, fällt dann aber 1805/6 wieder auf 10 426½ Tonne (A, 25, Finanztaschenbücher, Nr. 21, 23, 24, 27, 28, 29). 1755/56 wurden in Königsberg 9302 Wispel, 10 Scheffel Malz, 1805/06 nur 5868 W. 6 Sch. versteuert. (1 Wispel = 18,191 Hektoliter, 1 Scheffel = 54,961 Liter. Kletke, 44.)

6) Verbot der Einfuhr fremder Biere in der Konfirmation vom 15. 3. 1721 und in der Brauordnung von 1709, Art. 24, und in der Brauordnung von 1785, Sekt. I, §§ 9, 10. Vgl. Reglement der Altst. Mälzenbräuer von 1670, Art. 15; Armstedt, 252.

7) Bartisius, 76.

Durchschnitt berechnet, viel zu hoch gegriffen.¹) Und wenn auch vor 1806 das Leben einer Anzahl Mälzenbräuerfamilien vielen der Inbegriff der Sorglosigkeit und des unbekümmerten Daseins zu sein schien,²) so traf das nur deshalb zu, weil manche von ihnen seit langer Zeit kapitalkräftig in den Städten sassen und ihnen zur Vergrösserung ihres Einkommens die Möglichkeit offen stand, noch anderen Erwerbsquellen nachzugehen. Denn da der Betrieb eines Brauhauses durchaus keinen besonderen Aufwand von Kräften erforderte und ohne Sorge den Angestellten überlassen werden konnte, so lebte nur noch der kleinere Teil der Königsberger Mälzenbräuer von seinem Gewerbe. Die wohlhabenderen waren Rentner, viele trieben zusammen mit Grosskaufleuten den ihnen gestatteten Handel mit Hopfen, Gerste, Malz und Getreide.³) Andere waren königliche oder städtische Beamte, Kalkulatoren, Justizkommissare, Aktuare, Postsekretäre, Accisekontrolleure usw.⁴)

Das Königsberger Bier war ein starkes obergähriges⁵) Schwarzmalzbier⁶) aus Gerste gebraut mit geringem Hopfenzusatz. Nach der 1760 veröffentlichten chemischen Analyse des Hofapothekers

1) Nach den Bestimmungen der Brauordnung von 1785 konnte ein Mälzenbräuer aus einem Brauhause jährlich höchstens 550 Rtlr. herausschlagen. Die meisten standen sich aber auf 160 Rtlr. Vgl. Rohrscheidt, 449; Bartisius, 76.

2) Vgl. den makkaronischen Hexameter: aut miles, aut monachus aut Mälzenbräuer im Löbenicht. Schubert, 600. Jubiläum, 42. Hennig, Wörterbuch, 153 ff. gibt dem Sprichwort eine ganz andere Bedeutung.

3) Nach der Wettordnung von 1734, Tit. 2, Art. 2, stehen den Mälzenbräuern als Grossbürger dieselben Rechte wie den Grosskaufleuten zu. Die Handlungsordnung von 1755, Art. 5, § 2, schränkte die Handlungsgerechtigkeit auf die oben angeführten Produkte ein. Die Brauordnung von 1785, Sekt. 2, § 2, bestätigte diese Einschränkung (vgl. dazu K. St. A. Kaufm. Arch. V, Nr. 21, vol. 2). Nach dem Edikt vom 19. 9. 1801 hatten die Mälzenbräuer auf Gerste das Vorkaufsrecht, so lange es zu eigenem Konsum diente. K. Stdt. A. A, 25, Acta das Gesuch der Mälzenbräuerzünfte, die Steigerung der Gerste- und Hopfenpreise betr. 1784—1801. Vgl. Bartisius, 75.

4) R. R. Servisanlage von den Eigentümern der Stadt Königsberg vom 1. 6. 1805 bis 1. 6. 1806.

5) Obergähriges Bier unterscheidet sich von untergährigem durch den von einer andern Art Hefe bewirkten Gährungsprozess, der das Bier schon nach 8—10 Tagen konsumreif macht, während obergähriges Bier erst nach 8—10 Wochen konsumreif wird.

6) Es wurde auch Braunbier genannt. Die Schwärze wurde durch langes Dörren des Malzes erreicht. Die Mälzenbräuer wehrten sich gegen das Brauen anderer Bierarten. Vgl. Acta um das Privilegium des Mälzenbräuers Kadgiehn wegen Verfertigung des Weissbieres, Breyhahn genannt. anno 1803. K. Stdt. A. A, 22.

Heinrich Hagen enthielt ein Quart[1]) Altstädtisches Bier 6¾ Loth Weingeist und 4¼ Loth Extrakt, das Kneiphöfische 5½ Loth Weingeist und 5 Loth Extrakt, das Löbenichtsche 6½ Loth Weingeist und 4 Loth Extrakt;[2]) es war das kräftigste Bier, übertraf das Berliner dreimal an Stärke und war wegen seiner Frische und Güte im ganzen Hinterlande berühmt.[3]) Es galt nicht allein als Genussmittel, sondern diente geradezu als Nahrung für jedes Alter und Geschlecht. Zum Morgentrunk, Frühstück, Mittag und Abendbrot genoss jeder, der etwas besseres als Mehlsuppe haben wollte, eine Biersuppe oder einen Krug Bier.[4])

Der Mälzenbräuer durfte bis 1804 nach der Ordnung von 1785 jährlich 15 volle Gebräude zu 8 Säcken oder 65 Scheffel, oder 20 mal zu 6 Säcken,[5]) aber nicht öfter als in jeder dritten Woche brauen,[6])

---

1) 1 Quart = 1,1450 Liter. 1 Loth = 16⅔ Gramm. Kletke, 44 ff.

2) Rhode, Die Königsberger Schützengilde in 550 Jahren, 1902, 131 und Flögel, Heft 4, 26. Das heutige Königsberger Bier hat in 1 Ltr. durchschnittlich 25—40 gr Alkohol, 3—4 gr Kohlensäure und 40—80 Gesamtextrakt. Das Bier vor 100 Jahren war also beinahe dreimal so stark.

3) Rhode, Stadtverwaltung, 27: „Das löbenichtsche Braunbier war ein Ruhmestitel."

4) Rhode, Stadtverwaltung, 64: „Das Bier war die Gottesgab, davor wir ihm täglich und alle Augenblick zu danken schuldig" (Satzungen des Rosenwinkels im Kneiphöfischen Junkerhof von 1558).

5) Brauordnung von 1785, Abschn. 1, § 12—13. Vgl. dazu Brauordnung von 1709, Art. 13; Armstedt, 252; Leonhardi, 1, 576; Bartisius, 74; Baczko, Königsberg 1804, 407; Baczko, Königsberg 1787, 530. Im Sommer bei starker Hitze wurden nur ½ Gebräue oder ¾ Gebräue gefertigt von 6 Säcken oder 48 Scheffel. Das Bier, mit dem die Mälzenbräuer Pillau versorgten, wurde neben dem gestatteten Quantum extraordinär gebraut, ausserdem gab ihnen dabei die Accise pro Tonne 8 Groschen Bonifikationen. Der Zweck war, dass durch den Transport von Königsberg nach Pillau das Bier nicht verteuert würde, sondern den gleichen Preis behielte, wie in Königsberg. Die Bonifikation wurde erst am 15. 5. 1809 aufgehoben. K. Stdt. A. A, 23, Brausachen, Nr. 19. Reglement wie die Veste und ihr Hafen von Pillau mit Bier versorgt werden soll. Ferner A, 26, Acta die für das von hier nach Pillau gehende Bier aufgehobenen Accisebonifikationen betr. 1809/10.

6) Vgl. Rhode, Stadtverwaltung, 65. Brauordnung von 1709, Art. 13, Konfirmation von 1721. Ferner Verordnung des Königl. Preuss. Polizeidirektoriums vom 15. 2. 1802. An Sonn- und Feiertagen durfte erst nach 3 Uhr Nachm. gebraut werden (Brauordnung von 1785, Sekt. 1, § 15). Das Zunftreglement der Löbenichtschen Mälzenbräuer von 1644, Art. 10, gestattete das Brauen erst nach den Andachtsübungen an Sonn- und Festtagen. Die Brauordnung von 1709, Art. 13, 14 hatte es ganz verboten.

B. Das Gewerbe. 79

aus denen 34¹) Tonnen²) starkes Braunbier und 8 Tonnen Tafelbier³) oder 20 Tonnen Doppelbier⁴) gemacht wurden. Jedoch hob die Deklaration von 1800⁵) diese Verpflichtung auf, eine bestimmte Anzahl aus einem Gebräude zu verfertigen. Nur die wenigsten gebrauchten noch um die Wende des Jahrhunderts das ihnen gestattete volle Quantum,⁶) die meisten begnügten sich mit 10 oder gar 8 Gebräuden. Die am 11. Februar 1804 verkündete Braufreiheit liess die Ziffern kaum emporschnellen und führte vor dem Kriege zu keinerlei Veränderungen; sie gab eben nur den Strebsamen in Zukunft die Möglichkeit, durch kluge Ausnutzung des Marktes und durch erfolgreiche Konkurrenz über die ehemalige Enge und Kleinheit der Betriebe hinauszugehen.

Den Preis des Bieres setzte der Magistrat⁷) in Gegenwart eines vom Gouverneur beorderten Stabsoffiziers zu Ostern und Michaelis fest und zeigte ihn dem Kommandierenden General, der Accisedirektion und der Kriegs- und Domänenkammer an.⁸) Die Norm sollte sein, dass der Brauherr von jedem vollen Gebräude, gemäss der Brauordnung von 1785 108 Gulden 13 preuss. Groschen 6 Pfennige

---

1) Es war vor 1800 streng verboten, ein Gebräude mit mehr Tonnen zu machen, als die Brauordnung vorschrieb (Brauordnung von 1785, Abschn. 1, § 12, 14 und Neueinrichtung der Accise und Zollsachen vom 14. 4. 1766, Abschn. 4, § 2. Mylius, Nov. Corp. Const. 4, 293—308. Es war ferner verboten, aus 1½ Scheffel Gerste mehr als eine Tonne Starkbier zu ziehen (Déclaration du roi sur le Brassage des bierres. Berlin, 21. 1. 1772, Art. 3 (K. Stdt. A. A, 20, Brausachen, Nr. 13). Die Königsberger brauten das Bier aber viel stärker, als Vorschrift war.

2) 1 Tonne = 1,1450 Hektoliter.

3) Das Tafelbier und Halbbier war der zweite und dritte Abguss der Pfannen (vgl. Brauordnung von 1785, Sekt. 1, §§ 21, 22, 25), der mit starkem Bier vermischt wurde. Das Brauen billigen Tafelbieres war den Mälzenbräuern durch das Reglement von 16. 3. 1721 zur Pflicht gemacht worden. „Wie es in den Städten Königsberg mit Brauung des nöthigen Tafelbieres und geringen Getränks gehalten werden soll" siehe Hennig, Wörterbuch, 271; Frischbier, Wörterbuch 2, 390.

4) Brauordnung von 1785, Sekt. 1, § 14.

5) Deklaration der Brauordnung vom 26. 9. 1800, S. 4—5.

6) Schreiben der Mälzenbräuer vom 2. 3. 1796 an den Magistrat. Regierungsgewerbe-Registratur, Spec. 20, Tit. III, Nr. 1 II. Vgl. Horn, 567; Leonhardi 1, 576.

7) Berliner Geh. Staatsarchiv. Generaldirektorium. Ostpreussen. Städtesachen, Polizeisachen, Königsberg. Schreiben des Generaldirektoriums vom 1. 5. 1792 an das Oberkriegskollegium.

8) Der Preis der Gerste wurde von den Polizeioffizianten täglich angezeigt. Dann addierte man die Preise am Ende der Woche und dividierte

(36 Rtlr. 4 preuss. Groschen 6 Pfennige) als Reingewinn übrig behielte,[1]) eine Bestimmung, mit der die Mälzenbräuer sich mit Recht benachteiligt glaubten,[2]) denn die Berechnung hatte den Fehler, dass sie sich viel zu wenig an die Getreidepreise hielt. Die Taxe wurde für ein halbes Jahr festgesetzt, die Getreidepreise aber stiegen und fielen fast täglich. Die Kabinets-Ordre vom 18. 7. 1806, die den Taxzwang aufhob, nachdem schon am 30. 5. das Maximum für eine Tonne auf 20 Gulden bestimmt, das Minimum aber freigestellt war.[3]) wurde mit Freuden begrüsst, und man dachte nicht daran, bei den hohen Gerstepreisen einander zu unterbieten und damit den Untergang vieler kleiner Brauereien herbeizuführen.[4])

Dem Mälzenbräuer war es nicht gestattet, sein Bier dem Publikum selbst zu verkaufen, sondern nach dem Schankzang,[5]) dessen Aufhebung am 11. Juli 1806 angeordnet wurde,[6]) hatten die Bierschänker den Zwischenhandel,[7]) von denen es 1804 500,[8]) 1806 gar 559 gab.[9]) Sie erhielten jährliche Konzessionen zum Vertrieb vom

---

die Summe durch 6. Diese Resultate addierte man vom 1. Okt. bis 1. Mai und 1. Mai bis 30. September und dividierte sie durch die Zahl der Wochen (26). Das Ergebnis war dann der Taxpreis der Gerste, der für das Sommer- und Winterhalbjahr dem Bierpreis zugrunde gelegt wurde. (Brauordnung von 1785, Sekt. 4, §§ 1, 5. Baczko, Königsberg 1804, 408.) Niemand durfte das Bier unter der Taxe verkaufen bei 2 Rtlr. Strafe pro Tonne (Brauordnung von 1785, Sekt. 1, §§ 26, 28).

1) Brauordnung von 1785, Abschn. 4, § 7. Vgl. dazu die Berechnung des Wertes eines Brauhauses vor 1804. Regierungskommunal-Registratur, Spec. 20, Tit. 2, Nr. 4; Leonhardi 1, 675; Bartisius, 75; Baczko, Königsberg 1787, 532; Baczko, Königsberg 1804, 409; Armstedt, 252.

2) Regierungsgewerbe-Registratur, Spec. 20, Tit. 3, Nr. 1 II.

3) Flögel, Heft 6 und 7, 24.

4) Erst im unglücklichen Kriege trat eine Veränderung ein. Die Kapitalkräftigen rissen die Kundschaft an sich. 1806—9 gaben 33 Häuser die Braunahrung auf, 34 hielten sich nur sehr schwach. Schreiben der Mälzenbräuer an den König vom 24. 3. 1812. Regierungskommunal-Registratur, Spec. 20, Tit. 2, Nr. 4.

5) Bis 1709 durfte Bier ausschenken wer wollte, nachher nicht mehr. Brauordnung von 1709, Art. 35. Siehe auch Brauordnung 1785, Abschn. 2, § 3. 3, § 6. Vgl. Regierungsgewerbe-Registratur, Spec. 20, Tit. 3, Nr. 1 III.

6) Mit der Ausführung des Spezialbefehls vom 11. 7. 1806 wurde erst am 1. 4. 1807 begonnen (Regierungsgewerbe-Registratur, Spec. 20, Tit. 3, Nr. 1 III.

7) Brauordnung von 1783, Sekt. 3, § 6.

8) Baczko, Königsberg 1804, 229.

9) 1806 gab es 115 Schänker, die den Ausschank im Hause des Brauers selbst vornahmen. Schankhäuser, die den Mälzenbräuern gehörten und in denen Schänker sassen, 51. Konzessionierte Bierschänker 341. Gastwirte,

Braukollegium, das jedem Mälzenbräuer 2 Schänker zuwies;[1]) er lieferte ihnen sein Gebräu tonnenweise[2]) zu einem von der Behörde festgesetzten Preise zum Ausschank, den sie bisweilen im Hause des Brauherrn selbst vornahmen.[3]) Sie betrieben dieses Gewerbe in der Regel im Nebenamt und zahlten, wenn sie in den drei Städten wohnten, an die Stadtkasse, und wenn sie auf den königlichen Freiheiten den Biervertrieb hatten an die königliche Hausvogteikasse — auch königliche Rentei genannt[4]) — eine kleine Steuer, das Reissgeld, das zwischen 80 Groschen und 10 Gulden jährlich schwankte,[5]) von dem jedoch eine Anzahl eximiert war.[6]) Sie durften bei hoher Strafe und Entziehung der Schankgerechtigkeit nur von den ihnen zugewiesenen Mälzenbräuern, von einigen Ausnahmen abgesehen,[7]) ihr Bier nehmen und kein fremdes ausschänken, ebenso wie die Gastwirte der 30 Krüge[8]) in der Stadt, der Schankwirtschaften in der nächsten Nähe der Tore[9])

Krüger, Cafétiers 31. Freischänker, die den Mälzenbräuer wählen konnten, 5. Freischänker, die sich nur für die Hälfte ihres Bedarfes den Mälzenbräuer wählen konnten, 16. Spec. 20, Tit. 3, Nr. 1 III.

1) Brauordnung von 1785, Abschn. 3, § 6. Vgl. Bartisius, 75.

2) Nie mehr als 3 Tonnen auf einmal.

3) Der Preis des Bieres beim Schänker ist 1 Schilling höher pro Stof (Stof, oder Stoof = $72\frac{1}{3}$ franz. Cubikzoll = 4 Quart. Nelkenbrecher, 122). Brauordnung von 1785, Sekt. IV, § 70.

4) Sie stand unter der Verwaltung der Kriegs- und Domänenkammer. Die Rendanten waren in der Regel Stadträte.

5) Das Reissgeld betrug in den Vorstädten ca. 4 Gulden. Im Kneiphof, bei denen, die grosse Krüge besassen, 8—10 Gulden. Die kleinen Schankwirtschaften zahlten nur 4—6 Gulden. Es zahlten jedoch in den drei Städten viele auch nur 80 Groschen. Auf den königlichen Freiheiten betrug die Steuer im Durchschnitt 1 Gulden. Das traf für die Jahre 1730 bis 1806 zu (K. Stdt. A. A, 241, Acta die öffentlichen Abgaben betr.; A, 32, Acta die Reissgelder betr. Vgl. dazu rathäusl. Reglement von 1724, Sekt. III, § 12).

6) Durch Attest konnten davon eximiert werden: die Heringsbraker, die Sergeanten an den Toren, die Gemeindeältesten und die Grossbürger, welche dessen bedürftig waren (A, 32, Acta die Reissgelder betr.).

7) Nur der Verlag eines Junker- oder Gemeindegartens durfte sich selbst einen Mälzenbräuer nach dem jährlichen Schmeckbier auswählen. (R. R. 310, Gemeindesachen, Gemeindeblatt, Nr. 2; vgl. Baczko, Königsberg 1804, 119; Leonhardi 1, 439.) Es war jedoch verboten, in den Junker- und Gemeindegärten anderes als Schwarzbier auszuschänken. Brauordnung von 1786, Sekt. I, § 8. Vgl. Brauordnung 1709, Art. 25.

8) K. Stdt. A. A, 25, Finanztaschenbücher, Nr. 29.

9) Vor dem Steindammer Tor 7, Holländerbaumtor 4, Tragheimer Tor 2, Rossgärter Tor 1, Sackheimer Tor 5, Friedländer Tor 5, Brandenburger Tor 5 (K. Stdt. A. A, 29, die Bierschankzwangspflicht der Krüge und Gasthäuser ausserhalb Königsberg betr. 1798—1813).

und einer Reihe von Gasthäusern in den städtischen Kämmereibesitzungen.[1]) Die Aufsicht hierüber und über das gesamte Brauwesen übte eine Behörde aus, die in innigem Konnex mit den Zünften bei deren zunehmender Gleichgültigkeit die Vormundschaft übernommen hatte. Sie machte den Eindruck eines Geschäfte führenden Vorstandes. Es war das königliche Braukollegium,[2]) das am 18./28. März 1692 fundiert, dann 1709 zum Tranksteuer-Kollegium umgestaltet wurde,[3]) und am 21. Dezember 1747[4]) seine letzte Veränderung er-

1) Von den Kämmereibesitzungen sind bierausschankzwangspflichtig: das Dorf Ponarth mit 4 Schankhäusern, die Erbpachtsgüter Kneiph. Ratshof mit 1, Klein Maraunen mit 1, Fischhof mit 1, Anker mit 1 Schankhaus. Ferner auf dem Hubendistrikt: der Lauenkrug, der Gelbe Krug, der Hammerkrug, der Neue Krug und die Schankhäuser: Neue Bleiche, Cosse, Waldhaus Wilky und Altst. Ziegelhof. Sie nahmen alle durchschnittlich 775 Tonnen jährlich aus Königsberg. Die Krüge und Schankhäuser der übrigen Kämmereigüter wurden teils mit eigenem Bier verlegt, teils mussten sie ihr Bier von den königlichen Ämtern nehmen. Über die Kämmereibesitzungen der Stadt siehe Rhode, Stadtverwaltung, 120 ff. Vgl. hierzu A, 25, Finanztaschenbücher, Nr. 1, und A, 29, Acta die Bierschankzwangspflichten in Krügen und Gasthäusern ausserhalb Königsberg betr. 1798—1813. Joh. Gottfr. Seume sagt über die Zwangspflicht: „Dass man aber ganze Gemeinheiten zwingen will, ihren Trank aus diesem und keinem anderen Brauhause zu heben, wo man sodann in dieser Hinsicht das jämmerlichste Gesöff mischt, ist eine Bedrückung, die an Sklaverei grenzt und schon aus diätetischer Rücksicht gewissenlos und unverantwortlich ist" (Mein Sommer 1805. Hempelsche Ausgabe 2, 73).

2) Siehe Brauordnung von 1785, Abschn. 5, § 1, 6—7 und A, 29, Acta die Aufhebung des Braukollegiums betr. 1809—23. Ferner Schreiben vom 28. 7. 1808 in K. St. A. Regierungsgewerbe-Registratur, Spec. 20, Tit. 3, Nr. 8. Vgl. Baczko, Königsberg 1787, 354 ff.; Baczko, Königsberg 1804, 274; Leonhardi 1, 473. Bartisius, 75.

3) Kurfürst Friedrich Wilhelm hatte am 8. 7. 1656 den Städten Königsberg, die sich in Kriegszeiten zur Bewilligung von Geldern bereit gezeigt hatten, gestattet, dass eine kleine Steuer, die von jedem Braufalle und jeder Tonne Bier von den Bürgern gezahlt werden sollte, zur Bezahlung der städtischen Schulden eingenommen werden dürfte. Diese Hilfsgelder wurden vom Magistrat verwaltet. Am 18./28. März 1692, d. d. Cöln an der Spree, wurde dann das am 2. 5. 1692, d. d. Königsberg approbierte Braukollegium gegründet. In diesem Kollegium, das die Verwaltung der Tranksteuer haben sollte (1 Gulden von jeder Tonne, die der Schänker zahlte und 5 Groschen Steuer, die der Mälzenbräuer für eine umgesetzte Tonne geben musste) sassen: 1 Magistrats-Deputierter, 1 aus dem Gericht, 2 aus den Zünften der Kaufleute, 3 aus den Zünften der Mälzenbräuer und 1 aus den kleinbürgerlichen Gewerken; doch hatte jede Deputierte entsendende Zunft oder das vertretene Kollegium nur eine Stimme, so dass im ganzen 5 Stimmen vorhanden waren. Später stellten sich Zweifel ein, ob die Trank-

B. Das Gewerbe. 83

fuhr. Die Regierung besetzte das Kollegium mit einem Kammerdirektor als Präses und einem Kriegsrat, die nebenamtlich darin beschäftigt waren und dafür eine Gratifikation erhielten;[1]) der Magistrat stellte den Deputatus-Stadtrat,[2]) und die Mälzenbräuerzünfte hatten das Recht, 3 Assessoren zu präsentieren, die von der Kriegs- und Domänenkammer bestätigt wurden und von denen in jedem Jahre einer ausschied und zugleich ersetzt wurde. Dem Kollegium lag die Förderung des gesamten Brauwesens ob, die Beobachtung der Ordnungen und Taxen, die Annahme und Verpflichtung der Brauarbeiter (Brauer, Mälzer, Helfer) und ihrer Brauväter[3]) und die Entschei-

steuer wirklich zur Bezahlung der Stadtschulden verwandt würde, das Braukollegium wurde aufgehoben und die Verwaltung der Tranksteuer am 9. 3. 1709 in die Hände eines neuen Kollegiums gelegt, in der der städtisch ständische Charakter zurücktrat; es setzte sich zusammen aus einem Direktor, 1 Kommissarius, 2 Assessoren, 1 Kassierer und 1 Sekretarius. (Neurev. Brauordnung vom 9. 3. 1709.) Am 22. 5. 1713 ordnete ein Reskript bezüglich der von den Zünften gestellten Assessoren an, dass sie „im Lesen und Schreiben erfahren und sonsten geschickte Männer seien und nicht den Platz allein füllen, sondern auch wirklich Hilfe und Assistenz dem Tranksteuerkollegium leisten mögen, weshalb sie auch nicht alle Einvierteljahre wechseln, sondern ein Jahr im Amte bleiben sollten." Die Neuänderung, in der dann die Erhebung der Steuer wegfiel, erfolgte 1747. (Vgl. K. St. A. Etatsm. 79; Conrad, Der erste Kämmerei- und Salarienetat der Stadt Königsberg. Altpr. Monatsschr. 25, 64.)

4) Das Braukollegium wurde am 1. 4. 1809 aufgehoben. Die Instruktion vom 4. 10. 1747 siehe K. St. A. Regierungsgewerbe-Registratur, Spec. 20, Tit. III, Nr. 4.

1) Die Gratifikation wurde gemäss der Brauordnung von 1785, Abschn. I, § 24 und Abschn. V, § 4 aus der Braukasse entrichtet, in die die Strafgefälle flossen, ausserdem 18 Groschen von jedem Gebräu (Brauordnung von 1785, Sekt. V, § 4. Vorher nur 15 Groschen, siehe Instr. vom 4. 10. 1747; vgl. Bericht des Braukollegiums vom 27. 6. 1806 an die Kammer, Regierungsgewerbe-Registratur, Spec. 20, Tit. III, Nr. 8) und einen Zuschuss aus der Kriegskasse (424 Rtlr.). Davon erhielten der Kammerdirektor 108 Rtlr., der Kriegsrat 100, der Stadtrat 124, die 3 Assessoren je 72, der Sekretarius 236, der Registrator 24, der Kanzlist 112, die 2 Visitatoren je 80 und der Instigator 100 Rtlr. (K. Stdt. A. A, 129, Acta das Braukollegium betr. 1809—23 und A, 29, Acta das Brauwesen betr. 1786—1849.)

2) Vgl. Rathäusl. Regl. von 1783, Sekt. III, § 1. Den Titel Stadtrat erhielten die Königsberger Ratsverwandten durch eine Entscheidung Friedrichs I. im Jahre 1701. Seit 1708 nannte sich jeder Ratsherr Stadtrat. Conrad, Das rathäusl. Regl. von 1724, 146.

3) Die Arbeiter der Mälzenbräuer sind die Brauer, die an den Braupfannen stehen, die Mälzer, denen die Besorgung der Darren und des Malzes obliegt, und die Einbörner, Pfannenträger oder Helfer genannt, die das

dungen über die beim Brauwesen vorkommenden Streitigkeiten.¹) Es regelte ausserdem die inneren Verhältnisse der Zünfte, was eigentlich dem Patronenamte zustand. Indem die Behörde die Elterleute vollkommen ausschaltete und nach eigenem Belieben über Wohl und Wehe verfügte, war sie um die Wende des Jahrhunderts der Repräsentant des Königsberger Brauwesens geworden. Die Zünfte traten ganz in den Hintergrund, da es ihnen nicht möglich war, den ungleichen Kampf aufzunehmen anders wie die Kaufleute, die ihre Unabhängigkeit vor den Handelsgerichten zu bewahren gewusst hatten.

III. Häker und Handwerker.

Das Handwerk und mit ihm die Häkerei, die sich im 17. und 18. Jahrhundert allmählich zu einer Versorgungsanstalt für verunglückte Gewerbetreibende herausgebildet hatte, blieben im grossen und ganzen dem Kleinbürgerstande vorbehalten, doch konnte um die Wende des Jahrhunderts das Eindringen einem kleinen Prozentsatz von Nichtbürgern, Invaliden, Soldaten, Eximierten, nicht mehr verwehrt werden.

Die Rechtsverhältnisse der Häker, d. h. der kleinen Detailkaufleute, waren durch die Wettordnung von 1734²) und das Privilegium

---

Malz zu den Darren tragen, das Feuer schüren und zugleich Bier und Gerste verladen (vgl. Brauordnung von 1785, Sekt. III, § 2 ff.). Es gab 1793 in der Altstadt 17 Brauer, 10 Mälzer und 73 Helfer; im Kneiphof 6 Brauer, 3 Mälzer, 89 Helfer. Nach dem Kriege gab es in den Städten nur noch 30 Brauer und 18 Mälzer. Sie wurden alle auf ihre Ämter vereidet (Brauordnung vom 9. 3. 1709, Art. 28 ff.) und bildeten selbständige Innungen, deren es in den Städten bis zur Mitte des 18. Jahrhunderts 3 gab. 1750 scheinen sie sich zu einer Innung zusammengeschlossen zu haben. Als Berater und Beisitzer hatten sie 3 Brauväter, die den Mälzenbräuerzünften angehörten, und die ihnen von den Elterleuten zuerteilt wurden, doch scheinen die Schüsselbrauer der Altstadt eine Zeitlang das Recht gehabt zu haben, sich ihren Brauvater aus der Altstädt. Mälzenbräuerzunft selbst zu wählen. Die Schüsselbrauer oder Schöppenbrauer waren nicht dauernd bei den Mälzenbräuern angestellt, sondern wurden für die einzelnen Gebräude verpflichtet. (Vgl. K. Stdt. A. A, 84, Brausachen, Nr. 33. A, 332; Acta die Anstellung der Brauväter betr. 1780—1841; A, 80, Gewerbesachen. Generalia, Nr. 22; R. R. 277, Feuerlöschanstalten. Generalia, Nr. 34.)

1) Das Braukollegium übte auch eine Art von Feuerpolizei über die Mälzenbräuer aus. Jeder Mälzer musste, bevor er ein Darrfeuer anzündete, einen Darrzettel vom Braukollegium abholen, das dann durch seine Visitatoren nachsehen liess, ob die Brauarbeiter ihre Pflicht täten und die nötigen Vorsichtsmassregeln anwendeten. (Schreiben des Braukollegiums vom 25. 3. 1762 an die Kriegs- und Domänenkammer. Regierungskommunal-Registratur, Spec. 20, Tit. 2, Nr. 4.)

2) Tit. 4, § 1.

für die „in der Königlichen Haupt- und Residenzstadt Königsberg befindlichen Häker vom 20. Dezember 1748" geregelt.[1]) Daran ist mit Ausnahme einer Erhöhung der Gefälle vor 1808[2]) nichts geändert worden.[3]) Sie durften in kleinen Quantitäten — zu ganzen und halben Pfunden, stück-, ellen- und quartweise — alles verkaufen, was der Kaufmann im offenen Speicher hielt: Butter, Speck, Grütze, Erbsen, Bohnen, Lichte, Essig, Mehl, Linsen, Graupen, Eier, Wurst, Käse, Schmalz, Nähnadeln, Bindfaden, Fitzelband und Obst. Vom Landmann durften sie nicht über ½ Wispel Getreide einkaufen.[4]) Nebenbei betrieben die von der Stadtverwaltung empfohlenen Häker den Salzhandel; sie mussten das aus der Faktorei entnommene Salz ständig vorrätig haben[5]) und durften es nicht unter oder über dem Taxpreis verkaufen. Das Maximum und Minimum der Verkaufspreise aller Viktualien wurde monatlich vom Magistrat und Polizeidirektorium unter Assistenz eines vom Gouverneur entsandten Stabsoffiziers bestimmt; eine Überschreitung dieser Taxe wurde mit einer hohen Strafe, unter Umständen sogar mit Entziehung der Konzession geahndet.[6]) Die Häkerei sollte verarmten Handwerkern, die ihr Gewerbe nicht mehr ausübten,[7]) deren Witwen und dimittierten Soldaten Unterhalt gewähren.[8]) Die entlassenen Soldaten mussten über den Erwerb des Bürgerrechtes[9]) und die zum Betrieb erforderlichen Mittel

---

1) K. St. A. Etatsm. 81. c. 2; Kaufm. Arch. H. Nr. 18.

2) Am 6. November 1808 wurde die Häkerzunft aufgehoben.

3) Die Angabe Rohrscheidt (S. 294), der eine Häkerordnung vom 20. 12. 1798 anzeigt, beruht offenbar auf einem Druckfehler und einer Verwechslung mit 20. 12. 1748. In den Akten wird stets ausschliesslich auf die Häkerordnung von 1748 Bezug genommen.

4) Häkerordnung von 1748 Art. 11—15; Vgl. Bäcker- und Häkertaxe vom 2. 4. 1782 d. d. Königsberg, R. R. 347, Salzsachen Nr. 11.

5) Instruktion der Salzseller vom 21. 9. 1791. 1792 sind in Königsberg 200 Salzseller, die aber nicht alle Häker waren. R. R. 347, Salzsachen Nr. 11, 12.

6) Vgl. dazu das Rathäusl. Regl. von 1783. Sekt. II, § 7; Polizeiinstruktion von 1752. § 19; Berliner Geh. Staats-Archiv. Generaldirektorium. Ostpr. Städtesachen. Polizeisachen. Schreiben des Oberkriegskollegiums vom 23. 4. 1792 an das Generaldirektorium.

7) Carl Friedrich Wilhelmi. § 58.

8) Unteroffiziere und aktive Soldaten dürfen im allgemeinen keine Häkerei treiben, allenfalls Kaufleute, wenn ihnen vom Magistrat bescheinigt wird, dass sie ohne eigene Schuld heruntergekommen sind. Häker-Ordn. von 1748. Art. 3, 5, 13.

9) Art. 6.

nachweisen. Ausnahmsweise war es auch in Reih und Glied stehenden Soldaten gestattet, Häkerei zu treiben, wenn sie Hausbesitzer wurden; ferner durften arme Soldatenweiber sich um Freikonzessionen bewerben, die das Polizeidirektorium im Namen des Königs erteilte.[1]) Es gab also neben zünftigen Häkern auch unzünftige in der Stadt, da eine Innungsmitgliedschaft ohne Bürgerrecht nicht denkbar war. Wer die Zunft gewann, musste 2 Reichstaler zur Lade, 16 pr. Groschen dem Beisitzer des Magistrats und ebensoviel an die Stadtarmenkasse „pro receptione" zahlen, ausserdem einen jährlichen Beitrag von 8 pr. Groschen an die Zunftkasse.[2]) Doch scheinen noch vor 1806 die Aufnahmegebühren auf 5 Rtlr. und der jährliche „Zunftgroschen" auf 2 Gulden[3]) erhöht worden zu sein, entsprechend dem geringen Wert des Geldes und den unterschätzten Einnahmen der Häker. Um einem grossen Andrang vorzubeugen und dieser „zur Lebensversorgung für arme Leute bestimmten Einrichtung" den aufreibenden Konkurrenzkampf zu nehmen, beschränkte die Zunftordnung die Zahl der Mitglieder für die drei Städte auf 70 und setzte das Maximum für die königlichen Freiheiten auf 80 fest.[4]) Der Magistrat musste von dem Ableben oder der Geschäftsaufgabe eines Häkers sofort unterrichtet werden,[5]) um die erledigte nummerierte Stelle des Distrikts einem vorgemerkten Bewerber zuzuweisen.[6]) Für diese von der Stadtverwaltung erteilte Konzession hatte der Inhaber jährlich eine Gewerbesteuer zu erlegen, den Häkerzins, der nach der Ordnung von 1748[7]) auf 1 Rtlr. 16 Groschen bemessen war, dann aber auf 5 Gulden ($^5/_3$ Rtlr.), die Michaelis und Ostern gezahlt, normiert zu sein scheint.[8]) Wohnte der Häker in den Städten oder Vorstädten,

---

1) Polizeiinstruktion von 1752. Art. 8.
2) Häkerordn. von 1748. Art. 7. Witwen zahlen bei allen Abgaben nur die Hälfte.
3) Actum vom 9. 7. 1808. Erklärung der Elterleute der Häkerzunft. Regierungsgewerbe-Registratur, Tit. 4. A. a. Nr. 5, I.
4) Häkerordnung von 1748. Art. 4.
5) Art. 9.
6) Vgl. Bericht des Magistrats vom 11./12. Juli 1808. Regierungsgewerbe-Registratur, Tit. 4. A. a. Nr. 5, I.
7) Art. 8.
8) Bericht des Magistrats vom 11./12. 7. 1808 in Regierungsgewerbe-Registratur, Tit. 4, A. a. Nr. 5, I und in R. R. 529. Polizeisachen, Generalia, Nr. 1. Ferner Actum vom 9. 8. 1808. Erklärung der Elterleute der Häkerzunft. K. Stdt. A. A. 32. Acta die zur Kämmereikasse fliessenden kleinen Gefälle betreffend (1811—1828). Der Häkerzins von 1748 ist in den einzelnen Distrikten sehr verschieden gewesen. In der Altstadt und auf dem Steindamm zahlte man nur einmal 36 Gulden. In den Vorstädten

B. Das Gewerbe. 87

so entrichtete er die Abgabe an die Kämmerei, trieb er sein Gewerbe auf den königlichen Freiheiten, an die königliche Rentei auch Hausvogteikasse genannt. Die Aufsicht und das Patronat über die Zunft hatte der dirigierende Bürgermeister;[1]) in seiner Eigenschaft als Polizeidirektor[2]) war er seit 1752[3]) verpflichtet, nach einem von ihm gefertigten Register[4]) durch Polizeiinstigatoren die Buden und Läden der Häker kontrollieren zu lassen und die Kontraventionen[5]) zu bestrafen. Die innere Verwaltung lag bei einem von den Innungsmitgliedern gewählten schreibkundigen Eltermann, welcher der Bestätigung des Oberbürgermeisters[6]) bedurfte,[7]) und für die Zeit seiner Amtstätigkeit eine Kaution zu stellen hatte. Um ihn möglichst lange auf seinem wenig begehrten Posten zu halten und für die der Verwaltung geleisteten Dienste — Einziehung des Zinses — zu entschädigen, erhielt er aus der Lade ein jährlich vom Magistrat festgesetztes „Douceur.[8]) Ihm zur Seite standen 3 Assistenten,[9]) denen es oblag, die Genehmigung des Zunftpatrons bei der Aufnahme neuer Mitglieder einzuholen und die Vorbereitungen für die Versammlung zu

dagegen jährlich 3 Gulden 10 Groschen, auf den Freiheiten 2—5 Gulden jährlich. Vgl. K. Stdt. A. A. 247. Acta die öffentlichen Abgaben betreffend (1725—32). Für 1722 siehe Conrad (Salarienetat) S. 92.

1) Häkerordnung von 1748, Art. 22 und Rathäusl. Regl. von 1783. Sekt. III, § 1.

2) Polizeiinstruktion von 1752. Art. 18.

3) Seit 1752 war die Stellung des dirigierenden Bürgermeisters verbunden mit dem Amt des Polizeidirektors (Rathäusl. Regl. von 1783, Sekt. I, § 1). Zwar konnten diese Ämter auch von verschiedenen Personen bekleidet werden, aber bis 1806 sind sie stets vom dirigierenden Bürgermeister versehen worden. Der 1724 gegründete Posten des 2. Bürgermeisters als Polizeibürgermeisters (Rathäusl. Regl. von 1724, Sekt. I, § 9; vgl. Rhode, Stadtverwaltung, S. 8 und Conrad. Das rathäusl. Regl. von 1724, 113), wurde damit aufgehoben und unter Belassung des Titels „Polizeibürgermeister" wurde er 1. Polizeiinspektor und Stellvertreter des Polizeidirektors.

4) Polizeiinstruktion von 1752. Art. 18.

5) Häkerordnung von 1748. Art. 20 f.

6) Der Titel des Stadtoberhaupts war 1724 „1. Konsul, dirigierender vorsitzender Bürgermeister und Stadtdirektor". Dann kam am 14. 9. 1726 (Rhode, Stadtverwaltung, 100) der Titel „Oberbürgermeister" hinzu, am 16. 3. 1752 das Amt des Polizeidirektors und am 29. 11. 1794 auf Spezialbefehl der Titel „Stadtpräsident". (K. St. A. Etatsm. 78 b.

7) Häkerordnung von 1748. Art. 23.

8) Bei den Handwerkerinnungen war diese Stellung ehrenamtlicher Natur.

9) Häkerordnung 1748. Art. 23.

treffen, die einmal im Jahre um Fastnacht stattfand.[1]) Bei der Publikation neuer Verordnungen, dem Einkassieren der ordentlichen und ausserordentlichen Beiträge — deren Einziehung jedoch erst von dem Oberbürgermeister als Magistratsbeisitzer sanktioniert werden musste — und bei der Rechnungsablegung des Eltermanns mussten sie zugegen sein. Alle diese Bestimmungen und die darin ausgesprochene Bevormundung durch Stadtverwaltung und Polizei dienten dazu, den Behörden ständig genauen Aufschluss über das Treiben der kleinen Viktualienhändler zu geben und das Publikum vor Übervorteilung zu schützen.

Um die Wende des Jahrhunderts vermochte die über 50 Jahre alte Ordnung gar nicht mehr die ursprünglich damit verbundenen Absichten zu erfüllen. Sie war bei den gänzlich veränderten Verhältnissen vielmehr dazu angetan, den Häkern die Zünftigkeit zu vergällen. Der Magistrat und mit ihm die Regierung hatten ehemals gedacht, dass diese Kleinhändler unter einer behördlichen Kontrolle eine Vermittlerstelle zwischen Kaufmann und Konsumenten einnehmen sollten, um dem Publikum durch die Möglichkeit einer Warenentnahme in kleinen und kleinsten Quantitäten entgegenzukommen. Jedoch die Häker waren in der Mehrzahl nie in der Lage gewesen, genügend Kapital in ihr Geschäft hineinzustecken, um das Unternehmen so zu gestalten, dass alle Konsumenten davon befriedigt wurden. Im Gegenteil, da die Stadt die Stellen sehr oft mit alten abgelebten Leuten, denen es an jeglicher Verbindung mit den Produzenten und an Warenkenntnis fehlte,[2]) besetzte, waren die Häker bald auf den armen Teil der Bevölkerung angewiesen. Die Behörden sahen sich daher gezwungen, um dem Bedürfnis des begüterten Publikums zu entsprechen, andere mit ähnlichen Befugnissen wie die Häker auszustatten und ihnen den Verkauf nach Steinen[3]) und unter dem Scheffel zu erlauben. Dazu gehörten, ausser den der Kaufmannschaft angehörigen Krämern, die jüdischen Besitzer von Packkammern für Kolonialwaren und die mit Butter und Fetten handelnden Bäcker.[4]) Diese für die Häker gewaltige Konkurrenz drückte den Stand noch mehr herab. Ausserdem scheint die Polizeidirektion ohne Rücksicht auf die in der Ordnung vorgeschriebene Beschränkung mit der Erteilung von

---

1) Häkerordnung von 1748, Art. 24.
2) Vgl. Rohrscheidt, 296.
3) Der Stein Krämergewicht = 33 Berliner Pfund. Der kleine Stein (bei Fabrikanten üblich) = 11 Pfund.
4) Actum der Elterleute der Häkerzunft vom 9. 7. 1808. Regierungsgewerbe-Registratur, Tit. 4, A. a. Nr. 5, I und R. R. 347. Salzsachen, Nr. 11.

Freikonzessionen für Soldatenfrauen sehr freigiebig gewesen zu sein, denn eine grosse Anzahl Weiber handelte auf der Fischbrücke und den Märkten mit denselben Produkten wie die Häker.

Bei diesen mehr und mehr hervortretenden Missständen machten sich Regierung und Stadtverwaltung daran, die Verhältnisse der Kleinhändler zu regulieren, kamen aber vor dem Kriege zu keinem Ergebnis; damit blieb vorläufig auch die neben der Konkurrenz schwerste Bürde, die Häkertaxe, bestehen. Die Preise, welche der Magistrat den monatlichen Taxen zugrunde legte, wurden sehr unvollständig notiert und nahmen vor allen Dingen wenig Rücksicht auf Angebot und Nachfrage, da sie einen ganzen Monat Geltung hatten; es kam häufig vor, dass der Kleinhändler, um seinen Bedarf zu decken, wenn das Angebot gering war, die Waren vom nächsten Kaufmann zu höherem Preise beziehen musste.[1]) Ausserdem konnte der Gewinn, den man dem Häker zubilligte und der seit 1748 für jedes Produkt derselbe war, doch nicht mehr einer Zeit angemessen sein, in der sich die Kosten des Betriebes und des Unterhalts bedeutend erhöht hatten. So sah sich der Häker gezwungen, auf andere Weise, durch schlechtes Gewicht, seinen Vorteil zu suchen. Die Kontraventionen[2]) waren im Schwange und man brauchte umsoweniger ein Entdecken zu befürchten, da die Übervorteilungen bei den geringen Quantitäten nur selten festzustellen waren.[3]) Bei diesen Zuständen wuchs die Abneigung der Häker gegen die einengenden Zunftverhältnisse von Tag zu Tag. In den Verhandlungen mit den Elterleuten vom 9. Juli 1808 erklärten sie sich vollkommen mit der Aufhebung der Zunft einverstanden.[4])

Den weitaus grössten Teil der Kleinbürger bildeten die Gewerke. Wenn auch im allgemeinen vor 1808 die Bestimmungen des Landrechts von 1794[5]) massgebend waren, muss man doch, um von der Lage der Handwerker ein klares Bild zu bekommen, die am 10. Juni 1733[6]) von Friedrich Wilhelm I. nach dem Vorbilde des Reichsgesetzes vom 16. August 1731 gegebene Handwerksordnung heranziehen; sie ordnete in 49 kurzen Paragraphen alles an, was zur Revision der Gildebriefe und zur Handhabung der Innungspolitik

---

1) Vgl. Rohrscheidt, 295.
2) R. R. 347, Salzsachen Nr. 12. 1806 waren 170 Anzeigen an die Polizeidirektion eingegangen.
3) Rohrscheidt, 477.
4) K. St. A. Regierungsgewerbe-Registratur, Tit. 4, A. a. Nr. 5, I. Bericht des Magistrats vom 11./12. 7. 1808.
5) Landrecht, Teil II, Tit. 8, § 179—400.
6) K. St. A. Etatsm. 132 e.

nötig war.¹) Zu ihrer Ergänzung²) können für die Zustände in Königsberg die von Friedrich Wilhelm I. und Friedrich dem Grossen erneuerten Gewerksrollen³) dienen. 1751 waren alle vor 1733 gefertigten Innungsartikel und Privilegien kassiert worden, und der König hatte den Gewerken befohlen, die Ausfertigung neuer Artikel, die mit der Handwerksordnung übereinstimmten, zu beantragen. Diese Aufforderung wurde nicht von allen Gewerken in Königsberg befolgt, denn wie sich nach 1806 herausstellte, waren die Chirurgen, Gold- und Silberarbeiter, Gildefischer und Ledertauer nicht mit neuen Artikeln versehen worden, sondern hatten nur, wenn es ihnen gefiel, ihre alten Privilegien der neuen Ordnung angepasst.⁴) Das Handwerksreglement räumte rücksichtslos mit den die persönliche Freiheit und den Gewerksbetrieb beengenden Missbräuchen, welche die Zunftverbindungen aus dem Mittelalter in das 18. Jahrhundert hinübergerettet hatten, auf und beseitigte vor allem die Rechtsauffassung als sei jedes lokale Innungsstatut ein unantastbares Privilegium.⁵) Von nun ab hatten die Gewerksrollen nur die Bedeutung von Polizeistatuten, die jederzeit abgeändert werden konnten.⁶) Eine Kabinettsordre vom 19. 8. 1806 verfügte, dass den Gewerken die Möglichkeit, über Privilegienstreitigkeiten unnütze Prozesse zu führen, vollkommen entzogen würde.⁷) Es dürfte über den Rahmen dieser Arbeit hinausgehen, wollten wir den Inhalt der Handwerksordnung und der Gewerksprivilegien darstellen, zumal Schmoller und Rohrscheidt⁸) die Wichtigkeit des Reglements und die Abstellung der

---

1) Schmoller, in den Forschungen zur Brand. u. Preuss. Geschichte 1, 339.

2) Landrecht, Teil II, Tit. 8, § 192. Die innere Verfassung, Rechte und Pflichten der Mitglieder sind hauptsächlich nach den vom Staate erteilten Gildebriefen zu beurteilen.

3) Eine Anzahl revidierter Gewerksrollen siehe Regierungsgewerbe-Registratur unter Königsberg.

4) Regierungsgewerbe-Registratur, Spec. 20, Titel 4a, Nr. 1. Das Privilegium der Chirurgen datiert vom 16./26. 3. 1692, der Gold- und Silberarbeiter vom 23. 5. 1690 und 26. 7. 1799, der Gildefischer vom 29. 11. 1662 und der Ledertauer vom 25. 7. 1655.

5) Schmoller, 18.

6) Landrecht, Teil II, Tit. 8, § 207.

7) K. St. A. Regierungsgewerbe-Registratur, Tit. 4 B. a, Nr. 11. Dieselbe Auffassung findet sich noch später in dem Spezialbefehl vom 2. 4. 1810 an das Ostpr. Regierungspolizeidezernat. Vgl. Rohrscheidt, 171.

8) Schmoller, 19 ff.; Rohrscheidt, 121 ff., 136 ff., 152 ff.; Lucanus, Preuss. uralter und heutiger Zustand, 1748, herausgeg. von der Literarischen Gesellschaft Masovia zu Lötzen, 1901, 2. Lief.

B. Das Gewerbe.

Zunftmissbräuche eingehend erörtert haben. Hier sollen nur die Eigentümlichkeiten der wichtigsten Königsberger Gewerke und ihr Abweichen von der Norm besprochen werden, wie sie sich bis 1806 herausgebildet haben.

Die grössten Innungen waren im Jahre 1802—4[1]) die Schuhmacher mit 468 Mitgliedern, die Schneider mit 338, die Bernsteindreher mit 74, die Fleischer mit 73, die Festbäcker[2]) mit 70, die Tischler mit 82, die Kuchen- und Losbäcker[3]) mit 60, die Böttcher mit 45, die Kürschner mit 37, die Züchen- und Leinweber mit 64, die Tuchmacher mit 38 und die Tobaksspinner mit 21. Die Mehrzahl der übrigen zählte 10—15 Meister; viele hatten auch nur 3—4, so die Korduanmacher, Seiler, Nagelschmiede, Schornsteinfeger, Barchentweber, manche brachten sogar die vom Landrecht zur Bildung einer Zunft erforderliche Dreizahl nicht auf.[4]) Da das Vegetieren einer grossen Zahl von kleinen Zunftverbänden zwecklos erschien, wurde wiederholt von der Regierung der Versuch gemacht, mehrere in der Fabrikation verwandte Gewerke zu kombinieren. Da sie aber nicht den Beifall der Innungen fand, liess sie es bei der Absicht bewenden.[5]) Alle Gewerke wurden nur durch je eine Innung vertreten, nachdem um die Mitte des 18. Jahrhunderts bei den Zünften der Fleischer, Festbäcker, Schuhmacher, Schneider und Böttcher, die den drei Städten und den königlichen Freiheiten entsprechend aus je 4 Gewerken bestanden, eine Vereinigung stattgefunden hatte.[6]) Ein jeder war zur Zünftigkeit verpflichtet, wenn er ein Gewerbe trieb, dessen Arbeiter sich in der Stadt zu einer

---

1) Für 1802—4 vgl. Baczko, Königsberg 1804, 411 ff. Für 1800 siehe eine Tabelle der in den Städten anwesenden Handwerker in K. St. A. A, 73. Gewerbesachen, Generalia Nr. 10. Für 1750 Wilhelmi, 55; für 1787 Baczko, Königsberg 1787, 535; für 1791 Leonhardi 1, 577 ff.; für 1787—90 Baczko, Versuch einer Gesch. und Beschreibung Königsbergs mit handschriftl. Bemerkungen von Aug. Hagen, 535, im Besitz der Stadtbibliothek zu Königsberg.

2) Fest- oder Fastbäcker backten Brot aus Roggenmehl, waren streng geschieden von den Kuchen- und Losbäckern. Hennig, Wörterbuch, 67. Frischbier, Wörterbuch 1, 182.

3) Los- und Kuchenbäcker backten lockeres Brot aus Weizenmehl. Hennig, 148; Frischbier 2, 37.

4) Landrecht von 1794, Teil II, Tit. 8, § 190.

5) K. Stdt. A. A. 77, Gewerbesachen, Generalia Nr. 23.

6) K. St. A. Regierungskommunal-Registratur, Spec. 20, Tit. 31, Nr. 2.

Innungsgemeinschaft zusammenschlossen.[1]) Freilich hatte sich die Handwerksordnung[2]) und das Landrecht[3]) vorbehalten, selbst wider den Willen der Gewerke, Freimeister als heilsame Konkurrenz anzusetzen, um dem Publikum eine gewisse Erleichterung zu gewähren, und um durch geschickte und tüchtige Elemente, die das Gewerk oft grundlos zurückwies, dem Handwerk gesundes Blut zuzuführen.[4]) Diese Freimeister wohnten in Königsberg auf den Königlichen Freiheiten, die der städtischen Jurisdiktion zum Teil noch entzogen waren;[5]) zu ihnen gehörten ferner die Handwerker der privilegierten Häuser,[6]) die auch des Bürgerrechtes nicht bedurften, und vor allem die Invaliden und Soldaten, denen die Behörde den freien Handwerksbetrieb als eine Art Pension schon in den Werbezettel schrieb.[7]) Zwar durften sie in der Regel keine Gesellen und Lehrlinge in den

1) Handwerksordnung von 1733, Art. 45 und Landrecht von 1794, Teil II, Tit. 8, § 181.

2) Art. 45.

3) Teil II, Tit. 8, § 184.

4) Rohrscheidt, 159.

5) Die königlich Freiheitschen Gerichte standen bis 1724 unter der Inspektion des Oberburggrafen, der die Richter und Schöffen anstellte; jedoch hatten diese nur Ziviljustiz (Konstitution vom 15. 8. 1673. Grube, Corp. Const. 2, 270 Nr. 19). Alle Kriminalsachen auf den Freiheiten gehörten vor das 1668 eingesetzte Hofhalsgericht (Grube, Corp. Const. 2, 264), das den Namen Kriminalkollegium erhielt. 1724 (rathäusl. Regl. vom 13. 6. 1724 Einleitung) wurden die Freiheitschen Richter aufgehoben und die Justizpflege Stadträten überwiesen. Unzweifelhaft wurde damals von den Freiheitschen Richtern Kriminaljustiz geübt, denn im rathäusl. Regl. vom 13. 6. 1724, Tit. 2, §§ 18, 19 (vgl. Landrecht von 1721, pars 3, lib. 6, Tit. 4, Art. 2, §§ 11—65) wird ausdrücklich bestimmt, dass die bei den Gerichten „vorgefallenen" Strafgelder in die Kämmereikasse fliessen sollten, und durch Reskript vom 20. 2. 1727 wurden diese Strafgelder der Königlichen Renteikasse zugewiesen. Erst 1752 griff das Kriminalkollegium wieder ein und erklärte, dass die Kriminaljustiz vor sein Forum und nicht vor das kombinierte Stadtgericht gehöre. Die Instruktion vom 30. 7. 1774 (K. St. A. Ediktensammlung 1774) bestätigte dieses Vorgehen, und als durch das Justizregl. vom 29. 4. 1783 für Königsberg die Freiheitschen Richterämter endgültig mit dem Stadtgericht kombiniert wurden, stand dem Stadtgericht zwar die Justiz in Zivilsachen zu, die Kriminalpflege auf den Freiheiten aber behielt das Kriminalkollegium. Vgl. dazu R. R. 372. Jurisdiktionssachen Nr. 2; Rohrscheidt, 96—99.

6) K. St. A. Etatsm. 71, 3. Privilegien und Konzessionen der 10 Jurisdiktionsherren. Vor allem die Privilegien der Dohnas vom 9. 2. 1630 und des Herzogs v. Holstein vom 28. 2. 1701. Vgl. Wilhelmi, § 41; Conrad, in der Altpr. Monatsschrift, 1887, Bd. 54, 240 ff.

7) Horn, 542.

B. Das Gewerbe.

Städten halten,[1]) aber ihre Konkurrenz war auch ohnedem für eine Anzahl Handwerker erdrückend. In einzelnen Fällen überstieg ihre Zahl sogar die der zünftigen Meister. So gab es 1806 auf den königlichen Freiheiten als Freimeister 10 Hosenstricker, 4 Barchentmacher, 6 Feilenhauer, 3 Gelbgiesser, 4 Messerschmiede, während in den Städten 6 Hosenstricker, 3 Barchentmacher, 3 Feilenhauer, 2 Gelbgiesser und 2 Messerschmiede in den Innungen vorhanden waren.[2])

Die Rezeptionsgebühren der zünftigen Gewerksmeister bei Erteilung des Meisterrechts, zu dem jeder Bewerber auf Grund seines Lehrzeugnisses, seiner absolvierten Gesellenjahre, der „Kundschaft"[3]) und des Meisterstücks zugelassen werden musste,[4]) hielten sich bei der Mehrzahl der Zünfte in den von der Handwerksordnung angegebenen Grenzen. Das Maximum für Königsberg war auf 10 Rtlr. normiert.[5]) Es zahlten an die Gewerkskasse die Los- und Kuchenbäcker, Maler, Maurer, Kupferschmiede, Fleischer Schuhmacher, Buchbinder, Bernsteindreher 5 Rtlr., die Festbäcker, Schneider, Tischler, Töpfer, Kürschner 3 Rtlr., die Klempner, Kammacher, Glaser, Seiler, Leinweber, Tobakspinner und Hutmacher 2 Rtlr.[6]) Dazu kamen noch für Zusammenkunft des Gewerks, für den Stückmeister, den Gewerksassessor und an den Magistrat[7]) je 1 Rtlr. Ad pium usum gaben die angehenden Meister ½ bis 1 Rtlr., an die Kirche, Armenfreischule oder Stadtarmenkasse, Abgaben, die man nach Möglichkeit umging, und die von Zeit zu Zeit in Vergessenheit gerieten.[8])

---

1) Wenn ein Freimeister Gesellen und Lehrlinge halten wollte, musste er sich mit den zünftigen Meistern auseinandersetzen.

2) R. R. 571, Stadtsachen Nr. 2.

3) Kundschaft war die Bescheinigung, die dem wandernden Gesellen zum Beweis seiner Tätigkeit und seines Wohlverhaltens von jeder Zunft, in deren Stadt er gearbeitet hatte, erteilt werden musste.

4) Handwerksordnung von 1733, Art. 8, und Landrecht von 1794, Teil II, Tit. 8, § 249 f.

5) Doch brauchte der, welcher eine Witwe oder Meistertochter heiratete oder 8 Jahre dem König treu gedient hatte, nur die Hälfte zu zahlen. Handwerksordnung 1733, Art. 9. Kolonisten, z. B. Franzosen, hatten in der Regel neben freiem Bürgerrecht auch freies Meisterrecht. Vgl. Schmoller in den Forschungen zur Brand. und Preuss. Gesch. 1, 355. Wilhelmi, § 53.

6) Eine Aufstellung der Abgaben beim Meisterrecht von allen Gewerken siehe K. St. A., Regierungsgewerbe-Registratur, Spec. 20, Tit. 4a, Nr. 1.

7) Magistratssportelordnung vom 13. 9. 1783, Lit. V.

8) Siehe darüber Bericht des Magistrats an den König vom 6. 1. 1800, K. St. A., Regierungsgewerbe-Registratur, Tit. 4 B. a, Nr. 7 und K. Stdt. A.

Ausserdem musste der angehende Meister sich in die Sterbekasse einkaufen, deren jede Zunft eine besass.[1] Es überschritten die Normen des Meisterrechtsgeldes auf Grund ihrer alten Privilegien[2] die Chirurgen, die allein der Sozietätskasse 20 Rtlr. erlegten;[3] die Gold- und Silberarbeiter, die 30 Rtlr. für die Aufnahme und 30 Rtlr. „zur Ergötzlichkeit" entrichteten, eine Sitte, die sie jedoch erst wieder nach ihrer Erhebung in den Grossbürgerstand eingeführt haben sollen,[4] um den Kaufleuten und

---

A. 73, Gewerbesachen, Generalia Nr. 10. Das Geld wurde von dem Gewerkspatron eingesammelt und den Predigern abgeliefert. Viele schreiben diese Abgabe dem Umstande zu, dass die Handwerker die Erlaubnis erhalten hatten, sich bei feierlichen Aufzügen der Wagen bedienen zu dürfen. Da aber diese Abgabe schon im 17. Jh. gebräuchlich war, die Erlaubnis in Wagen zu fahren aber erst ganz am Ende des 18. Jh. erfolgte, so kann die Ansicht nicht richtig sein. Ein Reskript des Königs vom 10. 9. 1802 schärft die Abgabe besonders ein, und zwar sollen die Armenkassen vor den Schulen den Vorzug haben.

1) Die Einzahlung war in der Regel viel zu gross im Verhältnis zur Auszahlung beim Sterbefall. Bei den Schuhmachern betrug die Einkaufsumme 5 Rtlr., der jährliche Beitrag 54 Groschen, die Auszahlung 10 Rtlr.; beim Schneidergewerk der Einkauf sogar 12 Rtlr., die Auszahlung aber nur 10 Rtlr. Gemeinsam war allen Gewerken die Sterbekasse der Schützengilde, die durch das der Schützeninnung am 16. März 1752 gegebene Reglement, Art. 10, fundiert wurde. (Siehe das Schützenreglement in K. St. A. Regierungskommunal-Registratur, Spec. 20, Tit. 31, Nr. 2.)

2) Am 26. 7. 1799 wurden die alten Privilegien der Goldschmiede in den sog. Additionalartikeln im grossen ganzen bestätigt. Im Art. 13 wurde auch die alte Rezeptionsgebühr anerkannt (Regierungsgewerbe-Registratur, Spec. 20, Tit. 4b, Lit. G.-Nr. 1).

3) Die Sozietät der Chirurgen ergänzte sich aus Gesellen, die bei einem Chirurgen das Handwerk erlernt, Collegia über Chirurgie und Anatomie an der Universität gehört und in dem Berliner Theatrum Anatomicum nach dem Medizinaledikt von 1725 einen Kursus Operationum Chirurgicarum, der aus 4 chirurgischen Operationen und 2 anatomischen Demonstrationen bestand, gemacht haben mussten. Nach bestandenem Examen, das vor dem Medizinalkollegium (Baczko, Königsberg 1804, 276) und vor der Chirurgischen Sozietät abgelegt wurde, konnte er sich in den Städten niederlassen. Im Nebenamt betrieben die Chirurgen das Barbiergeschäft. Es gab drei Ratschirurgen (Pest- und Stadtchirurgen); sie hatten die Obduktionen der im Zuchthaus und in den Gefängnissen Verstorbenen vorzunehmen; dafür erhielten sie eine Ratsbarbierstube, deren es 3 gab, und freie Wohnung. Ihr Vorgesetzter war der Stadtphysikus, ein vom Magistrat gewählter akademisch gebildeter Arzt. Vgl. K. Stdt. A. A. 179, Medizinalpolizeisachen. Ratschirurgen, Nr. 1, vol. 1; Baczko, Königsberg 1804, 275.

4) K. St. A. Kaufm. Arch. G.-Nr. 26, vol. 1.

B. Das Gewerbe.

Mälzenbräuern nicht nachzustehen; die Gildefischerzunft, die gar 50 Rtlr. verlangte und endlich merkwürdigerweise die ärmlichen Ledertauer und Kleinuhrmacher, welche die Abgabe an die Gewerkskasse allein auf 10 Rtlr. bemassen.[1]) Der jährliche Beitrag der Zunftmitglieder hielt sich in mässigen Grenzen; er betrug bei den Bäckerinnungen 60 Groschen[2]) (⅔ Rtlr.), ebensoviel bei den Kürschnern, Schneidern und Schuhmachern. Die Buchbinder gaben 40 Groschen[3]) (4/9 Rtlr.), die Maler 64 Groschen.[4])

Der „Quartalsgroschen" hat wohl, wenn wir von den Goldschmieden und Chirurgen absehen, nur bei den Fleischern, dem reichsten Gewerk der Stadt, das Maximum von 3 Gulden überschritten. Diese hatten schon seit Jahren nicht den in den Artikeln fixierten Kanon entrichtet, sondern eine Abgabe von dem geschlachteten Vieh gezahlt (vom Rind 7½ pr. Groschen, vom Kalb und Schaf je 1 pr. Groschen.)[5]) Eine Gewerbesteuer, wie die Schänker und Häker sie erlegten, gaben die Gewerbe nicht; doch führte die Fleischergilde an die königliche Kriegs- und Domänenkasse einen jährlichen Kanon von 220 Rtlr. ab für das ausschliessliche Gewerberecht in Königsberg. Ausserdem war sie zu der beträchtlichen Abgabe von 316 Rtlrn. 20 pr. Gr. nebst einem „Talggeld" von 133 Rtlr. 30 pr. Gr. an die Königliche Hausvogteikasse verpflichtet, angeblich als Grundzins für die auf den Freiheiten: Rossgarten, Tragheim und Sackheim gelegenen Fleischbanken.[6]) Erst 1826[7]) wies das Gewerk nach, dass

---

1) K. St. A. Regierungsgewerbe-Registratur, Spec. 20, Tit. 4a, Nr. 1.
2) Vgl. Bericht d. Magistrats vom 11./12. Juli 1808 in Regierungsgewerbe-Registratur, Tit. 4, A. a., Nr. 5, I, und in R. R. 529. Polizeisachen, Generalia, Nr. 1.
3) K. St. A. Regierungskommunal-Registratur, Spec. 20, Tit. 4b, Lit. B., Nr. 1.
4) Malerprivilegium vom 11. 11. 1751, Art. 12. Rohrscheidt, 36.
5) Erklärung der Elterleute der Fleischerzunft vom 9. 7. 1808. Regierungsgewerbe-Registratur, Tit. 4, A. a., Nr. 5, I.
6) Für die Banken auf dem Tragheim 150 Rtlr., auf dem Rossgarten 100 Rtlr., für 2 eingegangene Banken auf dem Sackheim 60 Rtlr. 60 Gr. (Bericht des Magistrats vom 11./12. Juli 1808 in Regierungsgewerbe-Registratur, Tit. 4a, Nr. 5, I, und R. R. 529. Polizeisachen, Generalia, Nr. 1. Das Talggeld betrug für den Tragheim 80, für den Rossgarten 53 Rtlr. 30 pr. Gr.
7) Grundzins konnte diese Abgabe an die Hausvogteikasse nicht sein, denn die Freiheitschen Fleischer bezahlten 1641 für jede ihnen auf dem Tragheim, Rossgarten und Sackheim angewiesene Stelle 30 Mark fein Silber. Als Grund der Abgabe stellt das Gewerk folgendes fest: Als die Freiheiten

dieser Zins für die am 9. Juli 1706 gegebene Verordnung erlegt wurde, nach der den unzünftigen Gassenschlächtern[1]) für immer die Befugnisse zum öffentlichen Schlachten und Vertrieb von Fleischwaren genommen wurden. Endlich gab die Gilde noch an die Stadtkämmerei jährlich 127 Rtlr. 55 pr. Gr. für die Erlaubnis, in den Städten Fleischbanken zu halten.[2]) Alle diese Abgaben wurden von der Gewerkskasse und vorzüglich von der Altfleischerschlachtkasse getragen, die unter städtischer Kontrolle stand. Jedes Innungsmitglied entrichtete an sie einen Beitrag von geschlachtetem Vieh (7½ Gr. vom Rind, 3 Gr. vom Schwein, je 1 Gr. vom Kalb und Schaf).

Die Fleischerzunft behauptete unangefochten unter den kleinbürgerlichen Gewerken den ersten Platz; sie besass 5 Bankenhäuser[3]) und 3 Schlachthöfe. Der Magistrat hob 1808 hervor, dass ihre Kasse einen Bestand von 553 Rtlr., 76 Gr., 15 Pf. aufwies, während der Inhalt der übrigen Gewerksladen nicht über 10—20 Rtlr. hinaus-

---

entstanden, siedelten sich dort vom Staat konzessionierte Freischlächter an, die an den Landesherrn eine Abgabe von Talg und Geld entrichteten. Am 30. 8. 1647 wurde aus ihnen das Freiheitsche Fleischergewerk, also die 4. Gilde in Königsberg. Die Zahl wurde auf 10 Fleischer festgesetzt und bestimmt, dass jeder an die Rentei jährlich 50 Gulden poln. und 5 Steine geschmolzenes Talg lieferte. Winkelschlächter sollten nicht geduldet werden. Am 2. 5. 1645 wurde der Betrag auf 30 Gulden poln. und 2 Steine Talg herabgesetzt. Die Winkelschlächter (unzünftige Fleischer) nahmen in jener Zeit überhand und wollten ein 5. Gewerk errichten. Dagegen protestierten alle 4 Fleischergewerke. Da die Winkelschlächter sich erboten hatten, als Gewerk hohe Abgaben zu zahlen, entrichteten die vier Fleischergewerke seit dem 9. Juli 1706 jährlich 220 Rtlr. an die königliche Rentei. Das Freiheitsche Gewerk gab ausserdem noch jährlich 96 Rtlr. 20 Gr. aus der Gewerkskasse. Als 1752 die Gewerke kombiniert wurden, beteiligte man alle an den Abgaben. Ebenso war es mit dem Talggeld, das nach 1706 alle Gewerke zu gleichen Teilen zahlten. Vgl. R. R. 203, Kämmereisachen, Nr. 44; R. R. 203, Kämmereikassensachen, Generalia, Nr. 77; Bericht des Magistrats vom 11./12. 7. 1808 in R. R. 529. Polizeisachen, Generalia, Nr. 1 und Regierungsgewerbe-Registratur, Tit. 4, A a., Nr. 5, I.

1) Gassenschlächter hatten in der Regel kein Bürgerrecht und gingen in Privathäuser schlachten. Hennig, Wörterbuch, 81.

2) Für die Banken in der Altstadt 14 Rtlr., Kneiphof 11 Rtlr. 60 Gr., Löbenicht 11 Rtlr. 10 Gr., für 6 eingegangene Banken in der Holz- und Heiligengeiststrasse 53 Rtlr. 30 Gr., für eingegangene Banken im Kneiphof 37 Rtlr. 45 Gr. (Bericht des Magistrats vom 11./12. 7. 1808).

3) Die Stellen in den Banken kauften die Mitglieder dem Gewerk ab, vererbten, verpachteten sie untereinander, nahmen sogar Hypotheken darauf (Erkl. der Elterleute vom 9. 7. 1808).

kam.¹) Zwar besass das Schuhmachergewerk die am 19. August 1726 gekaufte Lohgerberei,²) aber daran hatten 468 Schuhmacher Anteil, während in den Besitz der Fleischergilde sich nur 73 Mitglieder teilten. Sie waren auch die einzigen, die besonders auf die „Reputation" der Gesellen und Lehrlinge hielten.

Ohne Zweifel war, wie in allen Orten, so auch in Königsberg, das Niveau des Handwerks gesunken. Die Nachkommen wohlhabender Meister ergriffen nicht mehr den Beruf des Vaters, sondern begannen in den höheren Mittelstand überzugehen. Dazu kam noch die anhaltende Teuerung. Es herrschte in Königsberg andauernd Gesellenmangel³) und die Meister sahen sich gezwungen, arme und schlecht erzogene Lehrlinge anzunehmen. Das erklärt auch zum Teil das Entgegenkommen der Handwerker den Juden gegenüber.⁴) In der Not wurde jeder genommen,⁵) wenn er nicht gerade vorher als Schinder oder Abdecker tätig gewesen⁶) war oder sich körperlich als untauglich herausstellte. Der Bewerber wies seinen Geburtsbrief vor oder, wenn er unehelich geboren, ein vom Generaldirektorium ausgeschriebenes Legitimationspatent.⁷)

Die Lehrzeit, für die meistens ein Lehrgeld nach schriftlicher⁸) Übereinkunft erlegt wurde, dauerte in den Städten durchschnittlich 3 Jahre, 4 bei den Bernsteindrehern,⁹) Buchbindern,¹⁰) Kupfer-

1) Bericht d. Magistrats v. 11/12. 7. 1808. Das Böttchergewerk scheint eines der ärmsten gewesen zu sein. (Bitte der Böttcher vom 11. 4. 1766 um Erlass des rückständigen Schützenpfennigs. Regierungskommunal-Registratur, Spec. 20, Tit. 31, Nr. 4).

2) Leonhardi 1, 546 ff.

3) Siehe Tabelle I, ferner K. Stdt. A. A. 25. Finanztaschenbücher Nr. 23. Reproduzendum von 1799/1800.

4) Nach dem Judenreglement von 1750, Art. 11, durfte kein Jude ein Handwerk ausüben.

5) Die Meister haben einen solchen Mangel, dass sie jeden Hergelaufenen nehmen. Schreiben des Magistrats an die Kammer vom 3. 3. 1802, K. Stdt. A. A. 81, Gewerbesachen, Nr. 19. Das allgemeine für die Annahme und Ausbildung der Lehrlinge, siehe Landrecht von 1794, Teil II, Tit. 8, §§ 278—325. Vgl. Rohrscheidt, 8. Schmoller in Forschungen z. brd. u. pr. G. 354.

6) Vgl. Landrecht, Teil II, Tit. 8, § 280; Rohrscheidt, 8. Wer durch Richterspruch ehrlos war, durfte nicht aufgenommen werden. Vgl. Wilhelmi, § 77.

7) Vgl. Landrecht, Teil II, Tit. 8, § 279.

8) Ebenda, § 290; Kinder aus Waisenhäusern waren von der Zahlung eines Lehrgelds befreit. Rohrscheidt, 9.

9) K. Stdt. A. A, 81, Gewerbesachen. Bernsteinarbeiter, Nr. 5. Gildebrief vom 30. 9. 1745, Art. 44.

10) Regierungsgewerbe-Registratur, Spec. 20, Tit. 4b, Lit. B., Nr. 1.

schmieden, Perückenmachern und Müllern, 5 bei den Goldschmieden,[1]) doch konnte bis zu einem Drittel der Lehrjahre erlassen werden.[2]) Die Zahl der Lehrlinge, die bei einem Meister gleichzeitig ausgebildet werden konnten, war in den Gewerksartikeln auf einen oder zwei beschränkt, im Gegensatz zum Edikt vom 24. März 1783,[3]) das die von einem Teil der Innungen gewünschte Einschränkung auf einen Lehrling verbot, und zum Landrecht, das beliebig viele zuliess.[4]) Von dieser Freiheit machten jedoch nur wenige Gebrauch, deren Gewerbe schon durch die Art des Betriebes eine grössere Personenzahl erforderte, z. B. die Goldschmiede,[5]) Maurer, Zimmerleute, Steinmetzen und die Manufakturarbeiter.

Die Gebühren bei der Aufnahme in die Innungsgemeinschaft waren gering. Der Lehrling entrichtete bei der Mehrzahl der Gewerke an die Zunftkasse 45 Gr. (½ Rtlr.). Die Goldschmiede liessen sich das Doppelte, 3 Gulden zahlen,[6]) ausserdem wurden an den Gewerksassessor 22 Gr., 9 Pf., an die Kämmerei 6 Gr. Einschreibegeld und ad pium usum 8—16 Gr.[7]) entrichtet. Der Geselle gab bei dem „Gesellenschlag" 1 Rtlr. der Zunft, dem Magistratsbeisitzer und dem Eltermann je 22 Gr. 9 Pf., dem Magistrat für Ausfertigung des Lehrbriefes 12 Gr.[8])

Die Dauer der Gesellenzeit[9]) war sehr verschieden und dehnte sich bei den um die Wende des Jahrhunderts in der Stadt ungünstigen Handwerksverhältnissen, die durch Teuerung, Mangel an Absatz und die über Bedarf grosse Zahl der Gewerksmeister in einzelnen Gewerben geschaffen wurden, bisweilen ungewöhnlich lange aus. Die Verpflichtung zum Wandern hatte bei dem Niedergang des Handwerks eine

---

1) Additionalartikel vom 26. 7. 1799, Art. 31, zum Privilegium der Goldschmiede vom 23. 5. 1690, Regierungsgewerbe-Registratur, Spec. 20, Tit. 4b, Lit. G.-Nr. 1.

2) Landrecht, Teil II, Tit. 8, §§ 320—21.

3) Schmoller, 355. Anm. Nach den Privilegien sollte auf 2—3 Gesellen 1 Lehrling kommen.

4) Landrecht, Teil II, Tit. 8, § 348.

5) Bei den Goldschmieden war in den Artikeln die Zahl freigestellt.

6) Additionalartikel vom 26. 7. 1799, Art. 34.

7) Siehe für das Folgende K. Stdt. A. A. 73. Gewerbesachen, Generalia, Nr. 10 und Regierungsgewerbe-Registratur, Spec. 20, Tit. 4a, Nr. 1.

8) Die Ausfertigung der Lehrbriefe stand dem Magistrat zu. Rathäusl. Regl. von 1783, Sekt. 3, § 7. Über die Gebühren siehe Magistratssportelordnung vom 13. 9. 1783.

9) Die allgemeinen Grundsätze im Landrecht 1794, Teil II, Tit. 8, §§ 325—400. Vgl. Rohrscheidt, 11.

grosse Zahl zum Betteln und Landstreichen verlockt, worüber sich 1803 ein Stadtrat sehr abfällig äusserte.[1]) Sie wurde durch das Reskript vom 29. 5. 1770 zwar noch verlangt, durch die Verordnung vom 17. 8. 1784 aber nicht mehr zur Bedingung gemacht. Am 9. April 1794 war sie endgültig aufgehoben worden[2]) mit Ausnahme des dreijährigen Wanderzwanges für die Tuchmacher[3]) und die Maurer und Zimmerleute,[4]) die in Berlin und Potsdam bei königlichen Bauten gearbeitet haben mussten. Für die aus Königsberg wandernden Gesellen[5]) kam nur noch die Provinz Westpreussen, allenfalls Pommern in Betracht, und die Zahl derjenigen, die die Erlaubnis der Polizeibehörde nachsuchten,[6]) um ausserhalb des Landes im Reich zu wandern, war äusserst gering.

Die Zunfteltermänner oder Aelteste hatten, wie in den anderen Städten, auf der Grundlage des Landrechtes[7]) die Ordnung der inneren Gewerksangelegenheiten, Verwaltung des Zunftvermögens, die Leitung der Versammlungen und, wenn es dem Magistrat beliebte, ein votum consultativum bei der Festsetzung der Handwerkertaxe. Die ordentlichen Tagungen oder Morgensprachen der Gilden, die vor 1733 alle Quartale stattgefunden hatten, wurden nach der Handwerksordnung[8]) nur zweimal im Jahre berufen. Sie nahmen die Rechnungsablegung des Eltermanns entgegen, prüften die Arbeiten der Bewerber ums Meisterrecht und durften über Ereignisse in der Innung, aber auch nur über solche,[9]) beraten. Indessen hatten diese Organe zünftischer Selbstverwaltung seit der Gesetzgebung Friedrich Wilhelms I. an Bedeutung gewaltig eingebüsst. Schon durch das rathäusliche Reglement von 1724 war dem Königsberger Magistrat ein verschärftes Aufsichtsrecht zugestanden. Die Handwerksordnung hatte die Grenzen der Kontrolle zugunsten der Stadtobrigkeit noch

---

1) Memorial eines Stadtrats vom 15. 8. 1803, K. Stdt. A. A. 81. Gewerbesachen, Generalia, Nr. 19.

2) Ebenda.

3) Tuchmacher und Zeugmacher-Regl. vom 29. 5. 1783, Art. 4, durch Reskript vom 6. 6. 1795 erneuert.

4) Reskript vom 22. 6. 1791.

5) Es war in der Stadt Sitte, die gewanderten dadurch von den ungewanderten Gesellen zu unterscheiden, dass man die ersteren mit „Sie" anredete, während man die anderen duzte.

6) Es war streng verboten, ohne Erlaubnis der Polizei ins Ausland zu gehen. Landrecht, Teil II, Tit. 8, § 30 f.

7) Ebenda, § 213—23.

8) Art. 2.

9) Landrecht, Teil II, Tit. 8, § 197: Nur eigentliche Zunfthandlungen können durch Zunftbeschlüsse reguliert werden.

erweitert,[1]) und diese Ansicht wurde auch in den neuen revidierten Gewerksprivilegien zum Ausdruck gebracht. Das rathäusliche Reglement von 1783 und das Landrecht erneuerten nur die schon früher getroffenen Anordnungen. Den Zünften war die Möglichkeit einer selbständigen lokalen Interessenpolitik, die sie im Mittelalter zu einem achtunggebietenden Faktor gemacht hatte, genommen. Damit ging Hand in Hand eine völlige Beseitigung der Innungsstrafgewalt.[2]) Dem Oberbürgermeister stand die Oberaufsicht[3]) über alle Gewerke zu. Er übte sie teils selbst aus, teils durch Mitglieder des Magistratskollegiums. Der Gewerksbeisitzer[4]) oder Patron früher Gaffelherr, Morgensprachsherr, Weddeherr genannt, gab sein Votum zur Annahme oder Ablehnung der Gesellen und Lehrlinge, zur Berufung der ordentlichen oder ausserordentlichen Versammlungen. Ohne seine Zustimmung durfte niemand zum Meister gemacht werden; zuvor wurde das Meisterstück von ihm auf seine Brauchbarkeit und Verkäuflichkeit[5]) geprüft. Kein Lehrling durfte losgesprochen werden, der nicht vor dem Patron Examen abgelegt und einen Spruch aus der Bibel und ein Hauptstück aus dem Katechismus hergesagt hatte.[6]) Der Beamte musste auf Anstand und Sitte, Befolgung der Taxordnungen, richtige Anwendung der Gewerksartikel achten, und in seiner Gegenwart ging die Revision der Kassen vor sich. Jedes Gewerk hatte einen Beisitzer aus dem Magistrat; nur die Chirurgen, Gold- und Silberarbeiter, Buchbinder, Bernsteindreher, Maler, Häker, Mittelbrückfischer, Setz- und Gildefischer standen, wie die Kaufleute und Mälzenbräuer, unmittelbar unter dem durch das rathäusliche Reglement von 1783[7]) fundierten „Oberbürgermeister-

1) Handwerksordnung von 1733, Art. 2—4.
2) Handwerksordnung, Art. 4, 18, 37. Vgl. Schmoller, 27.
3) Rathäusl. Regl. von 1783, Sekt. III, § 1.
4) Rathäusl. Regl. von 1783, Sekt. III, § 3; Landrecht von 1794, Teil II, Tit. 8, § 193—196; Bericht des Magistrats vom 11. 7. 1808; Baczko, Königsberg 1804, 232. Vgl. dazu Rathäusl. Regl. von 1724, Tit. 4, § 3; Berliner Rathäusl. Regl. vom 21. 2. 1747, Tit. 7, § 5; Conrad, das rathäusl. Regl. von 1724, 47; Rhode, Stadtverwaltung, 110; Wilhelmi, § 47.
5) Als Meisterstück war ein Gegenstand vorgeschrieben, der Kaufmannsware sein sollte im Gegensatz zu den Meisterstücken der früheren Zeit, die unmodern und nach veralteten Schematen gemacht wurden. Handwerksordnung von 1733, Art. 10.
6) Bemerkung des Stadtrats Lilienthal zum Memorial eines Stadtrats vom 15. 8. 1803 (A, 81, Gewerbesachen, Generalia, Nr. 19). Das Landrecht von 1794, Teil II, Tit. 8, § 294 gebot, dass ein Lehrmeister den Lehrjungen, der noch nicht schreiben und lesen konnte und in der Religion den nötigen Unterricht noch nicht erhalten hatte, zur Schule schicken musste.
7) Sekt. III, § 1.

lichen und Patronenamt,¹) in dem der Oberbürgermeister das Amt eines Gewerkspatron direkt unter Assistenz zweier Kaufleute ausübte. Diese Aufsichtsbefugnisse der Patronate waren von denen des Polizeidirektoriums nur durch papierne Wände getrennt, denn nach der Instruktion von 1752²) stand der Polizeibehörde gleichfalls ein Kontrollrecht über die Zünfte und die Befolgung der Gewerksartikel zu, und Konflikte wären zweifellos die Folge gewesen, wenn nicht das Stadtoberhaupt nach 1752 die Stellung eines Polizeidirektors und Oberbürgermeisters in seiner Person vereinigt hätte. Die gleiche Unklarheit herrschte in Fragen der Jurisdiktion, die den Elterleuten durch die Handwerksordnung genommen war. Die Gilden wurden streng verpflichtet, ihre Streitigkeiten nicht untereinander ohne Wissen der zuständigen Behörde auszumachen³) und Selbsthilfe z. B. Ausstände waren bei Androhung hoher Strafen unter besonderen Umständen sogar bei Todesstrafe verboten.⁴) Die Entscheidungen, die der Gewerksbeisitzer oder das Patronenamt, und in schweren Sachen sowie in der Berufungsinstanz das Magistratskollegium traf,⁵) waren ursprüng-

---

1) Bericht des Magistrats vom 11./12. 7. 1808. Publikandum der Bürgerschaft vom 30. 10. 1783 in R. R. 318, Polizeisachen; R. R. 480, Kämmereisachen, Generalia, Nr. 1; Baczko, Königsberg 1804, 292 ff.; Leonhardi 1, 478; Rhode, Stadtverwaltung, 108. Das Patronenamt wurde 1809 aufgehoben.

2) Nach der Instruktion von 1752, § 34, hatte der Polizeidirektor die Aufsicht über die Leistungen der Gewerke, Befolgung der Gewerksartikel, Kontravention; ausserdem stellte er über den Zustand der Gewerke Tabellen auf (Art. 44).

3) K. Stdt. A. A, 261, Magistratssachen. Patronenamt, Nr. 2.

4) Reskr. vom 29. 7. 1794 (A. 261, Magistratssachen. Patronenamt. Nr. 2). Vgl. Geschärfte Deklaration vor die Maurer und Zimmerleute, Handlanger und Tagelöhner zu Königsberg. Berlin vom 26. 8. 1751, Art. 2 (K. St. A. Etasm. 81c, 2); Handwerksordnung von 1733, Art. 31; Landrecht von 1794, Teil II, Tit. 8, § 359 f.; Schmoller, 365; Rohrscheidt, 137.

5) Der Gewerksassessor sandte in jedem Monat eine Liste der vorgefallenen Streitigkeiten an das Magistratskollegium. Waren sie als schwere Fälle vom Patron oder Patronenamt an das Magistratskollegium verwiesen, so bearbeiteten die zwei Syndici die Sachen zur Instruktion und Erkenntnisabfassung (Rathäusl. Regl. von 1783, Sekt. III, § 5). Die Angelegenheit wurde dann im Plenum verhandelt, wobei der Gewerkspatron referierte. (Erlass des Königs vom 14. 2. 1805. K. St. A. Oberlandesgerichts-Registratur, F. 981 K. 128); R. R. 372, Jurisdiktionssachen, Nr. 4.) Waren Patron oder Patronenamt erste Instanz, so ging die Appellation an das Magistratskollegium (Spezialbefehl vom 15. 9. 1783 in A, 261. Magistratssachen. Patronenamt, Nr. 2). War der Magistrat 1. Instanz, so ging die Berufung an die Kriegs- und Domänenkammer. Betrug der Fall über 50 Rtlr., so war Revision beim Generaldirektorium zulässig. (Rathäusl. Regl. von 1783, Sekt. IV, § 1—2.)

lich wohl nur Urteile in Disziplinarsachen bei Vergehen der Gewerksmitglieder gegen die Statuten gewesen und von den Verfassern der Reglements von 1724 und 1783 auch als solche gedacht. In Ermangelung bestimmter Vorschriften[1]) aber griffen Beisitzer und Patronenamt des Magistrats in die Jurisdiktion des seit 1783 der städtischen Verwaltung mehr und mehr entfremdeten Stadtgerichts[2]) über und behandelten auch Fragen zivil- und strafrechtlicher Natur, die aus Gewerksangelegenheiten entsprangen.[3]) Der Stadtgerichtsdirektor protestierte zwar gegen diese angemasste Jurisdiktion,[4]) aber die Konflikte nahmen kein Ende. Die Verwirrung wurde noch verstärkt durch das am 14. September 1793 gegründete Polizeifabrikengericht, das

---

1) Schreiben des Patronenamts an den König vom 29. 4. 1805 (Oberlandesgerichts-Registratur, F. 981 (K. 128).

2) Seitdem durch das Justizreglement vom 29. 4. 1783, Art. 2, die vollkommene Trennung der Justizbeamten von allen städtischen Verwaltungsämtern ausgesprochen war, wurde das Stadtgericht mehr und mehr zu einer königlichen Behörde. Den königlichen Adler führte es schon 1787, und seit 1803 nannte es sich „königlich". Zwar stand dem Magistratskollegium die Wahl der Beamten des Stadtgerichts zu mit Ausnahmen der subalternen (Rathäusl. Regl. von 1783, Sekt. I, § 1 und Justizregl. vom 29. 4. 1783, Art. 9, 11) und auch das Beschwerderecht über Beamte des Stadtgerichts bei der ostpreussischen Regierung und dem Chef der Justiz (Rathäusl. Regl. von 1783, Sekt. III, § 1), aber der Zusammenhang zwischen Verwaltung und Gericht hatte, obgleich die Stadt die Gerichtsbeamten besolden musste, gänzlich aufgehört. Durch das Stadtgerichtsregulativ von 1803, Art. 8, wurde dem Magistratskollegium auch die Wahlberechtigung des zweiten Gerichtsvorsitzenden genommen und der ostpreussischen Regierung übertragen. (Das Stadtgerichtsregulativ von 1803 siehe R. R. 566. Stadtgericht. Generalia, Nr. 2.)

3) Die Jurisdiktionsbefugnisse des Magistrats sind im rathäusl. Regl. von 1783 sehr unklar ausgedrückt. Sekt. IV, § 2 besagt zwar, dass der Magistrat kein Justizforum sei, in Sekt. II, § 7, Sekt. III, §§ 1—7, Sekt. IV, § 2 wird andererseits dem Magistrat eine gewisse Justiz in Pfuscher- und Gewerbesachen zugestanden.

4) Auf die Initiative des Stadtgerichts beschäftigte sich 1805 die ostpreussische Regierung mit der Angelegenheit und erklärte die Handlungsweise des Magistrats für eine Anmassung (Schreiben vom 26. 2. 1805), da im rathäusl. Regl. von 1783, Sekt. IV, § 2, ausdrücklich gesagt wäre, dass der Magistrat kein Justizforum sei. Trotz dieser Stellungnahme der Regierung wurde durch Verfügung vom 19. 3. 1805 der Magistrat in seiner Jurisdiktion belassen, mit der Einschränkung, dass nur solche Sachen an den Magistrat kommen sollten, die im Allgemeinen Landrecht, Teil II, Tit. 17, § 61, den Polizeigerichten überlassen wären. Siehe Oberlandesgerichts-Registratur, F. 981 (K, 128).

B. Das Gewerbe.

seinerseits die Regelung der Streitigkeiten zwischen Gewerken und Fabrikanten für sich in Anspruch nahm.[1])

Die allzu kleinliche Handhabung der Gewalt durch die vorgesetzten Behörden und die ungenügende Bestimmung, was unter Handwerkskontraventionen zu verstehen sei,[2]) hatten öfters den lebhaften Unwillen der Gilden hervorgerufen. Im Laufe der Jahre hatten sich sogar unter staatlicher Anerkennung Missbräuche entwickelt, die durch Friedrich Wilhelms I. Handwerksordnung schon endgültig beseitigt schienen. Sie waren in den Gildebriefen zwar ausgemerzt, lebten aber durch die Tradition weiter. So hatte das Reglement von 1733 zwar bestimmt, dass das Meisterstück Kaufmannsgut und nicht zu kostbar sein sollte. Bei der Anfertigung der neuen Privilegien war dieser Satz in der Regel auch berücksichtigt worden[3]) und ein gangbares Meisterstück vorgeschrieben, aber, indem man sich an das Überlieferte klammerte, nahm man nicht auf den sich ändernden Geschmack Rücksicht. Obwohl das Direktorialreskript vom 24. Dezember 1793[4]) die alten Bestimmungen von der Verkäuflichkeit der Arbeit wieder ins Gedächtnis zurückrief, trat kein Umschwung

---

1) Das Fabrikengericht, gegen dessen Errichtung sich v. Carmer und Hippel wandten, weil es die „ordinären Justizressorts schmälert und zu den vielen anderen ein neues Forum specialis causae schaffe", (A, 55, Fabriksachen, Fabrikengericht, Nr. 1) hatte die Jurisdiktion über Streitigkeiten in Lohnfragen zwischen Fabrikanten und Arbeitern, die in den meisten Fällen dem Gewerk angehörten, insbesondere kleine Diebstähle, Unterschlagungen und Veruntreuungen nach der Grundlage des Fabrikenreglements für Berlin und Potsdam vom 23. 12. 1792. Doch gehörten Diebstähle und Unterschlagungen nur dann vor das Fabrikengericht, wenn die Sache 10 Rtlr. oder weniger betrug. Grössere Sachen blieben dem Kriminalgericht überlassen. (Siehe Berliner Reglement vom 23. 12. 1792, Sekt. II, §§ 4—5.) Die Appellation ging an die Kammerjustizdeputation der Kriegs- und Domänenkammer, die Revision an das Oberrevisionskollegium. Den Vorsitz im Gericht hatte der Polizeidirektor, dazu gehörten die zwei Magistratssyndici und die 3 Polizeiinspektoren. Als Assessor fungierte der königliche Fabrikinspektor, als Sachverständiger je ein Mitglied des Gewerks der Tuchmacher, Zeugmacher, Strumpfmacher, Lein- und Baumwollarbeiter, Lederarbeiter, Hutmacher, Schlosser, Gold- und Silberarbeiter, Töpfer, Sattler, Gelbgiesser, Färber, Tobakspinner.

2) Memorial eines Stadtrats vom 15. 8. 1803 in K. Stdt. A. A, 81, Gewerbesachen, Generalia, Nr. 19.

3) Es war nicht bei allen der Fall gewesen. Die Bernsteinarbeiter machten noch 1784 das alte im Gildebrief von 1701 vorgeschriebene Meisterstück, das 80—100 Rtlr. kostete. K. Stdt. A. A, 81, Gewerbesachen. Spec. Bernsteinarbeiter, Nr. 4.

4) K. Stdt. A. A, 81, Gewerbesachen, Generalia, Nr. 19.

ein; man fuhr fort, Meisterstücke zu liefern, die nach der Meinung eines Stadtrats von 1803 weiter nichts waren als unpraktische, unmoderne, mit Anstrengung gefertigte Machwerke.[1])

In den Artikeln 2 und 7 der Handwerksordnung wurde den Meistern verboten, bei Zusammenkünften und den Eltermannswahlen Gelage und Schmausereien abzuhalten. Diese Verordnung ging in die revidierten Innungsprivilegien über, und es wurde den angehenden Meistern streng untersagt, mehr Geld zur „Ergötzlichkeit" zu geben, als in der Gewerksrolle angesetzt war. Trotzdem war am Ende des Jahrhunderts ein leckeres Gastmahl für den „Jungmeister" eine Pflicht. Die Befehle im Direktorialreskript vom 26. 4. und Publikandum vom 6. 5. 1797, ein jeder habe bei der Ableistung des Bürgereides zu versichern, dass er dem Gewerk nicht mehr als im Gildebrief vorgeschrieben zur „Lukration" geben werde,[2]) scheinen keine Wirkung gehabt zu haben.[3]) Dasselbe galt von der oft untersagten Sitte, mehr für das Meisterrecht zu zahlen, als in den Privilegien vorgeschrieben war.[4])

Auch die von Friedrich Wilhelm I aufgehobenen und streng verbotenen Gesellenladen und Bruderschaften[5]) mit ihren Artikeln und schwarzen Tafeln[6]) scheinen wieder aufgelebt zu sein. Von dem ganzen Gesellenwesen war nach 1733 offiziell nur noch der Altgesell übriggeblieben,[7]) der mit Wissen des Gewerks dem einwandernden Gesellen die ledigen Plätze in den Werkstätten anzuweisen und das „Geschenk"[8]) zu überreichen hatte, aber im geheimen bestanden jene Verbindungen fort, die mit ihren Verrufserklärungen nirgends fassbar und doch unerbittlich wirkend den Zusammenhang aller wandernden Gesellen bewiesen und ein Schreckgespenst für den Gewerkmeister bildeten. Zwar erwiderte der Stadtrat Lilienthal auf das Memorial eines Stadtrats von 1803, dass es

---

1) Ebenda.

2) Rohrscheidt, 106.

3) Bericht der Ostpr. Kammer vom 17. 12. 1798 in Regierungsgewerbe-Registratur, Tit. 4, B. a., Nr. 8 I, und Memorial eines Stadtrats vom 15. 8. 1803.

4) Ebenda.

5) Handwerksordnung von 1733, Art. 30; Landrecht, Teil II, Tit. 8, § 396 f.; Schmoller, 365.

6) Auf ihnen wurden die Verrufserklärungen von Gesellen und Meistern eingeschrieben.

7) Wilhelmi, § 72; Landrecht, Teil II, Tit. 8, § 399.

8) Ein jeder Geselle erhielt bei seinem Einwandern und seiner Bitte um Arbeit ein kleines Geschenk, um den vielleicht schon lange ohne Arbeit stehenden zu unterstützen. Es betrug in der Regel 4 Groschen. Vgl. Rohrscheidt, 141; Schmoller, 370.

derartiges in Königsberg nicht gäbe, aber die in den Eingaben der Handwerksmeister über die „ungesetzlichen Zunftverbindungen" sich wiederholenden Äusserungen und mehrere Beispiele[1]) lassen erkennen, welchen Widerständen einer unsichtbaren Macht sie in ihren Gewerbetrieben zu begegnen hatten.[2]) Endlich hatte die Regierung selbst die Hand dazu geboten, von neuem einen Brauch einzuführen, der das Handwerk zu einem erblichen Besitz machte und den Meistern dem Publikum gegenüber eine monopolartige Stellung gab: die geschlossenen Zünfte, in die es für den Bewerber ums Meisterrecht nur dann eine Eintrittsmöglichkeit gab, wenn durch den Tod oder Austritt eine Vakanz entstanden war. Auch im Landrecht von 1794 wurde die Beschränkung der Meisterzahl als möglich hingestellt, also dem Staate reserviert,[3]) und ausserdem der Regierung die Ansetzung von unzünftigen Freimeistern neben dem geschlossenen Gewerk vorbehalten.[4]) Durch Patent vom 18. Juli 1779 wurde die Zahl der Chirurgen auf 24 festgesetzt.[5]) 1741 war der numerus clausus für die Losbäcker mit 100 und die Festbäcker mit 70 Mitgliedern eingeführt worden.[6]) Am 21. März 1742 wurde der numerus der Buchbinder auf 18 festgesetzt.[7]) Am 22. April 1755 erklärte Friedrich II. die Bersteindreherzunft mit 68 Mitgliedern für geschlossen, wohl um einen Erwerbszweig zu kräftigen, der dem Lande einen einzigartigen exportierbaren Artikel lieferte.[8]) Sogar noch 1799 am 26. Juli, nachdem schon die Regierung die Bahn der Reformen im Zunftwesen eingeschlagen hatte, wurde die Zahl der Goldschmiede auf 15 fest-

---

1) Der Rigaer Hutmachergeselle Abicht wurde am 26. 4. 1792 in Riga losgesprochen, verweigerte aber den Rigaer Gesellen eine zweitägige Mahlzeit. Darüber entstand ein Tumult, der mit Hilfe der Polizei unterdrückt wurde. 1793 kam Abicht nach Königsberg auf die Wanderschaft, die dortigen Gesellen gaben ihm weder Geschenk noch wiesen sie ihm eine Werkstätte nach. Sie verlangten, dass er das Gesellenstück noch einmal mache (Etatsm. 81c, 2). Der Tischlergeselle Rebe beleidigt 1799 in Libau die Tischlergesellen; als er auf der Wanderschaft 1801 nach Königsberg kam, erhielt er von den Tischlergesellen kein Geschenk, sondern Prügel (R. R. 372, Jurisdiktionssachen, Nr. 3).
2) A, 81, Gewerkssachen, Generalia, Nr. 19.
3) Teil II, Tit. 8, § 183.
4) § 184.
5) Baczko, Königsberg 1804, 275.
6) A, 75, Gewerbesachen, Spezialia Bäcker, Nr. 27. 1791 gab es 84 Los- und Kuchenbäcker und 72 Festbäcker. (Leonhardi 1, 578 f.), 1802 60 Kuchenbäcker, 70 Festbäcker (Baczko, Königsberg 1804, 411).
7) Regierungsgewerbe-Registratur, Tit. 4b, Lit. B, Nr. 1.
8) Tesdorpf, Die Königsberger Bernsteindreherzünfte. Sitzungsberichte der Prussia, 1887—88, Bd. 44, 150.

gesetzt.[1]) Den Reigen der geschlossenen Gewerke beendete die Glasergilde,[2]) die wahrscheinlich in der Mitte des 18. Jahrhunderts um den numerus clausus eingekommen war.

1802/03 waren diese Zustände noch unverändert, doch ist es möglich, dass in den letzten Jahren vor Ausbruch des Krieges dank der veränderten Auffassung der Regierung über das Zunftwesen mit der „Geschlossenheit" der einen oder der anderen Innung aufgeräumt worden ist. Die veraltete Einrichtung des Zunftwesens war mit den Forderungen der neuen Zeit nicht in Einklang zu bringen. Die einsichtsvollen Männer in der Regierung und Stadtverwaltung erkannten die Notwendigkeit einer gründlichen Reform; man trat in die erste der drei Phasen der Zunftreformen,[3]) welche die Versuche der Behörden umfasst, Auswüchse und Unsitten unter Aufrechterhaltung der Korporation selbst zu beseitigen. Nachdem durch Kabinettsordre vom 20. Oktober 1798 dem Generaldirektorium die Modifikation zur Aufhebung schädlicher Folgen des Zunftzwanges befohlen worden, wurde am 13. November 1798 die ostpreussische Kammer zur Begutachtung aufgefordert, wie die Missbräuche des Innungswesens abzustellen wären.[4]) Die Kammer schlug in ihrem Bericht vom 17. Dezember die gänzliche Abschaffung des Wanderns vor, da die Tüchtigkeit durch das Meisterstück bewiesen werde,[5]) verdammte die Monopolwirtschaft der geschlossenen Zünfte und riet, nicht mehr die Erlaubnis zur Bildung neuer Innungen zu geben.[6]) Auch die gebildeten Stände in der Stadt beschäftigten sich eifrig mit dem Problem des Zunftzwanges und der Gewerbefreiheit; namentlich zwei Bücher erregten grosses Aufsehen: Weiss, „Über das Zunftwesen"[7]) und vor allem das 1803 in Königsberg erschienene anonyme

---

1) K. St. A. Regierungsgewerbe-Registratur, Spec. 20, Tit. 4b, Lit. G, Nr. 1. Additionalartikel vom 26. 7. 1799, Art. 1. Schon durch Reskript vom 2. 12. 1776 war die Mitgliederzahl auf 15 herabgesetzt worden. Es gelangte jedoch erst 1799 zur Anwendung.

2) Baczko, Königsberg 1787, 309; Königsberg 1804, 233.

3) Rohrscheidt, Einleitung. Die zweite Phase bringt die Aufhebung einzelner dem Gemeinwohl besonders schädlicher Innungen, in der dritten fällt der ganze Zunftzwang.

4) Rohrscheidt, 176.

5) Siehe auch „Versuche eines Beweises, dass das Wandern der Handwerksgesellen nötig und nützlich sei", dass es aber besser „als bisher vom Staate dirigiert werden müsse" (Annalen der Märk. Ökonomischen Gesellsch. in Potsdam, Bd. II, Heft 1).

6) Regierungsgewerbe-Registratur, Tit. 4, B. a., Nr. 8 I.

7) Preisschrift, erschien in Frankfurt a. M. 1798. Vgl. Rohrscheidt S. XX.

Werk „Das Interesse des Menschen und Bürgers bei den bestehenden Zunftverfassungen", in dem auf die Haltlosigkeit und den Missbrauch monopolartiger Zunftverbindungen hingewiesen und die freie Konkurrenz für ein ebenso grosser Schutz des Publikums vor Übervorteilung und schlechter Ware erklärt wurde, wie die Polizeitaxen und jene gehässigen Mittel, mit denen man Handwerkskontraventionen aufzuspüren suchte.[1]) In demselben Jahre reichte ein Stadtrat dem Magistrat ein Memorial ein:[2]) „Um die Menschen von den Fesseln der Zunft zu befreien, die die natürlichen Rechte des Menschen beleidigt und dem Stümper mehr nützt als dem findigen Geist," müsste durch **eine grosszügige Änderung der Gewerksprivilegien** der Weg zu einer allgemeinen Gewerbefreiheit gebahnt werden, „da es das heiligste Recht eines jeden wäre, die Früchte einer frei gemachten Arbeit zu geniessen und eine Institution zu vernichten, die die usurpierten Rechte bis zum Missbrauch ausdehnte". Die Regierung wurde durch die offene Parteinahme des grösseren Teiles der Intelligenz zu Gunsten einer Gewerbereorganisation noch in ihrer Haltung bestärkt und trat in die zweite Phase der Zunftreform, in die Aufhebung einzelner **offenbar das Publikum durch den Innungsbetrieb schädigender Gewerbe ein**. Erst nach dem Kriege folgte dann die dritte, die Gewerbefreiheit. Am 4. Mai 1806 hob nach dreijährigen Verhandlungen,[3]) um ein Exempel zu statuieren, eine Kabinettsordre die Innungen der Züchner, Garn-, Lein- und Baumwollarbeiter auf.[4])

Die Auffassung über den Wert eines solchen Vorgehens war indessen im Magistratskollegium[5]) und bei der Bürgerschaft sehr geteilt. In krassem Gegensatz zu den Bestrebungen der Regierung stand erklärlicherweise der grössere Teil der Innungen. Während einige, wie die Bäcker,[6]) Kürschner und vor allen Dingen die Manufakturhandwerker[7]) einer derartigen Lösung der Zunftfrage durchaus **nicht abgeneigt** waren, setzten andere, so die Fleischer, Züchner und holländischen Weber,[8]) die am meisten die augenblicklich eintretende

---

1) S. 146 ff. Der Verfasser ist J. G. Hauptmann. Vgl. Rohrscheidt, 296 f.
2) A, 81, Gewerbesachen, Generalia, Nr. 19.
3) Die Innungen wurden nach dem Landrecht, Teil II, Tit. 8, § 207 bis 209, erst um ihre Meinung gefragt.
4) Vgl. Flögel, Heft 6 und 7. S. 24; Rohrscheidt, 214.
5) Vgl. Regierungsgewerbe-Registratur, Tit. 4A, a., Nr. 5 I.
6) Bericht des Magistrats vom 11/12. 7. 1808 in Regierungsgewerbe-Registratur A, a, Nr. 5 I.
7) A, 81, Gewerbesachen, Nr. 25.
8) Siehe die Erklärung der Fleischerelterleute vom 9. 7. 1808 in Re-

Konkurrenz zu fürchten glaubten, alles in Bewegung, um das Unheil abzuwenden. In einem Punkte jedoch stimmten die Gewerbe mit dem Magistrat überein, nämlich in der notwendigen Aufhebung der Polizeitaxen.[1]) Die Fleisch- und Brottaxen, die monatlich Magistrat, Polizei und Stadtgouverneur regulierten,[2]) die nach einem oft 30—40 Jahre alten in sogenannten Ordnungen niedergelegten System[3]) den Verdienst des Verkäufers festsetzten, verhinderten zwar ein Preistreiben zu Ungunsten der Bevölkerung und hatten im Anfang des 18. Jahrhunderts, wo der Preis der Lebensmittel ziemlich stabil war, eine gewisse Berechtigung gehabt. In einer Zeit aber, wo der Preis der von aussen in die Stadt importierten Lebensmittel so gewaltig schwankte, das Marktangebot von Jahr zu Jahr geringer wurde und noch dazu die politischen Ereignisse den Handel und Wandel für unabsehbare Zeit beeinträchtigten, wurden die Verhältnisse unhaltbar. Noch schlimmer stand es mit der Handwerkstaxe, welche die Preise für Waren und Leistungen bis ins kleinste bestimmte, und die 1806 schon 43 Jahre alt war.[4]) In Königsberg waren Kammer und Magistrat gegen die Taxen, aber sie fürchteten den Widerstand des Militärs. Man verfolgte mit Aufmerksamkeit das Experiment der Hamburger, die im Jahre 1803 die Brottaxen auf ein Jahr versuchsweise aufgehoben hatten. Die Behörde kam aber vor dem Kriege zu keinem Entschluss mehr.[5]) Es war indessen jedem, der den Lauf der Dinge verfolgte, klar, dass trotz des Zauderns in nicht zu ferner Zeit eine völlige Änderung im Gewerkswesen eintreten und der Staat den Weg zur Gewerbefreiheit bald einschlagen musste. Um die Wende des Jahrhunderts gab es schon 23 Gewerbe[6]) in Königsberg, die durch

gierungskommunal-Registratur, Tit. 4A, a, Nr. 5 I, und der holländischen Weber und Züchner im Bericht des Magistrats vom 5. 12. 1803 in Rohrscheidt, 208.

1) Erklärung der Fleischerelterleute vom 9. 7. 1808. Vgl. Rohrscheidt, 302.

2) Rathäusliches Reglement von 1783, Sekt. II, § 7. Polizeiinstruktion vom 16. 3. 1752, Art. 19—20.

3) Vgl. Bäckerordnung und Brotausrechnung vom 17. 6. 1737 in K. St. A. Etatsm. 81c, 2. Vgl. Rohrscheidt, 81 ff. Für die spätere Zeit massgebend Bäcker- und Häkertaxe vom 2. 4. 1782 in R. R. 347, Salzsachen, Nr. 11. Über die Berechnung der Fleischpreise, Rohrscheidt, 85.

4) K. St. A., Nr. 335 und Stdt. A., Gewerbesachen, Generalia, Nr. 14. Sie erschien am 15. Januar 1753 und wurde am 27. XI. 1763 deklariert.

5) Rohrscheidt, 479. Vgl. auch Schmoller in der Zeitschrift für preuss. Geschichte und Landeskunde 11, 568.

6) R. R. 571, Stadtsachen, Nr. 2. 1807 gab es schon 35. Vgl. A, 80, Gewerbesachen, Generalia, Nr. 22.

B. Das Gewerbe. 109

keine Zunftverfassung beengt wurden, sondern in freier Konkurrenz nebeneinander lebten[1]) und dem Staate, der mit ihnen nur gute Erfahrungen machte, bewiesen, dass freier Wettbewerb und Tüchtigkeit schon von selbst das Verhältnis des Verkäufers und Produzenten zum Konsumenten regeln und dass es der Polizeimassnahmen der Zunfteinrichtung nicht bedurfte. Es waren dies die Branntweinbrenner,[2]) die Destillateure, Konditoren, Feilenhauer, Kattundrucker, Fuhrleute, Schatullenmacher, Puppenmacher, Seefahrer, Zuckerbäcker, Orgelbauer, Musikanten, Pfandleiher, Köche, Gastwirte, Gärtner, Tapetenmacher, Schriftgiesser, Segelmacher, Schriftschneider, Kupfergiesser, Wattenmacher und Lackierer. Die Künstler erfreuten sich besonderer Privilegien,[3]) waren aber wegen der mangelnden Gelegenheit zur Betätigung in den Städten nicht zahlreich,[4]) zum grossen Leidwesen der Stadtverwaltung.[5]) Sie versuchte, meistens vergeblich,

---

1) Sie mussten vom Magistrat nur die Erlaubnis zum Betrieb erhalten. Landrecht, Teil II, Tit. 8, § 179 f.

2) Von diesen unzünftigen Gewerken waren die Branntweinbrenner, unter denen sich mehrere Mennoniten befanden (am 16. 4. 1801 sind in Königsberg 14 Branntweinbrenner Mennoniten, R. R. 371, Judensachen, Nr. 7), die angesehensten. 1805/6 gab es in Königsberg 173 Branntweinblasen, und zwar im Löbenicht 4, Altstadt 27, Kneiphof 41, Freiheiten 101 (A, 25, Taschenbücher, Nr. 29). Der Konsum in der Stadt stieg von 630 Quart (1 Quart = 1,1450 Liter) jährlich anno 1755/56 bis auf 7080 Quart jährlich anno 1804/5. Der Export betrug 1800 19 025, 1804/5 50 061½, 1805/6 16 341 Quart (A, 25, Taschenbücher, Nr. 21—29). Die Ansicht Baczkos, dass die Branntweinbrennerei eine Nahrung der Grossbürger sei, ist irrig (Baczko, Königsberg 1804, 409). In der Regel waren Kleinbürger Branntweinbrenner. Die Grossbürgerzünfte zählten die Branntweinbrenner nie zu den Grossbürgern. K. St. A. Kaufm. Arch. G, Nr. 24, vol. 2, Gutachten der Zünfte vom 13. 4. 1784.

3) Die Künstler sind „enrollementsfrei" (Kabinets-Ordre vom 31. 10. 1746). Doch sind Streitigkeiten darüber an der Tagesordnung, da das Kanton-Regl. vom 12. 2. 1792 kein Gewerbe als unbedingt frei erklärte. Waren die Künstler Schüler der Berliner Akademie gewesen, so durften sie sich an allen Orten des königlichen Landes neben den Zünften etablieren, ohne zünftig zu sein (Regl. vom 20. 3. 1699 für die Königl. Akademie der Künste und mechanischen Wissenschaften. Vgl. Landrecht von 1794, Teil II, Tit. 8, § 404; Rohrscheidt, 21; K. Stdt. A. A, 83, Gewerbesachen, Generalia, Nr. 12; A, 81, Gewerbesachen, Bernsteinarbeiter, Nr. 8).

4) v. Baczko, Geschichte und Beschreibung der Stadt Königsberg, 656.

5) Am 2. 5. 1786 schreibt der Magistrat an die Kriegs- und Domänenkammer: „Königsberg scheint sich mit dem Vorteil einer grossen Handelsstadt zu begnügen, es gibt nicht einen Kunstzweig, der hier Aufmunterung und Liebhaberei erfährt. Man begnügt sich, ein oder den andern Künstler auf seinem Wege anzuhalten, was von einigen adligen Häusern geschieht. K. Stdt. A. A, 83, Gewerbesachen, Generalia, Nr. 12.

durch Annoncen in den Intelligenzblättern einige zur dauernden Niederlassung zu bewegen.¹)

Das Meiste zur Auflösung der Zunftform aber trug die trotz aller Gebundenheit energisch vordringende Industrie bei, für die es auf die Dauer unmöglich war, ihre von dem Geist der Freiheit und der Aufklärung getragene Entwicklung in die alten überlebten Schablonen des Gewerbezwanges einzupassen.²) Das von der Gunst Friedrichs II. und Friedrich Wilhelms III. geförderte³) und mit grösserer Bewegungsfreiheit⁴) ausgestattete Fabrikwesen⁵) wurde seit den siebziger Jahren des 18. Jahrhunderts mit seinen durchaus veränderten Begriffen von Produktion und Umsatz⁶) zu einer erdrückenden Konkurrenz, besonders in der Manufakturbranche für die Gewerke der Alttuchmacher, Breittuchmacher, Raschtuchmacher, Strumpfweber, Hutmacher, Hosenstricker, Filzmacher, Posamentierer, Neuzeugmacher, Loh- und Rotgerber, Weissgerber und Leinweber. Dadurch wurde teils eine Abwanderung von Meistern und Gesellen in die Fabriken bewirkt, zumal sie in ihrer Tätigkeit als Fabrikarbeiter nicht aufhörten zünftig zu sein,⁷) teils wurden die Gewerksmeister gezwungen, um der Konkurrenz einigermassen begegnen zu können, eine grössere Anzahl von Stühlen und Arbeitern zur Hebung der Produktion einzustellen, teils fingen die Gewerke in der Notwehr an, grosse Aufträge selbständig zu übernehmen und von den Innungs-

---

1) K. Stdt. A. A, 73, Gewerbesachen, Generalia, Nr. 9.

2) Schaff in der Königsberger Hartungschen Zeitung 1902, Nr. 3, Beil. Nr. 2.

3) Es mussten jeden Monat zur Orientierung über das Fabrikwesen Listen eingeschickt werden. K. Stdt. A. A, 55, Fabriksachen, Generalia, Nr. 2, vol. 1.

4) Der Fabrikant trieb sein Gewerbe auf Grund einer vom Könige erteilten Konzession, er brauchte nicht Bürger zu werden, nicht das Zunftrecht nachzusuchen und hatte für den Handel mit den eigenen Waren die Rechte eines Kaufmanns, allerdings nur ,en gros'. K. St. A. Kaufm. Arch. G, Nr. 26, vol. 2. Vgl. Landrecht von 1794, Teil II, Tit. 8, § 413—415.

5) Über die Königsberger Fabriken und Manufakturen siehe für 1790/91 Leonhardi 1, 562 ff.; für 1787 Baczko, Königsberg 1787, 529 ff. und Goldbeck, Topographie, 7; für 1802—4 Baczko, Königsberg 1804, 394.

6) 1793 betrug in den Städten bei 1663 Arbeitern der Umsatz 623 761 Rtlr., 1799 bei 1779 Arbeitern 963 694 Rtlr., wovon 1793 für 100 675 Rtlr., 1799 für 91 251 Rtlr. ins Ausland ging. Die Zutaten, welche die Fabriken brauchten, beliefen sich aus dem Inlande 1793 auf 362 516 Rtlr., 1799 auf 408 914 Rtlr. Aus dem Auslande 1793 auf 188 405 Rtlr., 1799 auf 307 408 Rtlr. A, 55, Fabriksachen, Generalia, Nr. 2, vol. 1.

7) Landrecht von 1794, Teil II, Tit. 8, § 420.

meistern bearbeiten zu lassen, wodurch sie einen fabrikmässigen Anstrich erhielten. Den so hart bedrängten Innungen war es nicht möglich, genau nach den die Entwicklungsfähigkeit des einzelnen beengenden Gilde-Artikeln mit ihrer Beschränkung der Gesellen- und Lehrlingszahl u. s. w. zu leben, und im Laufe der Zeit verwischte sich bei ihnen der Zunftbegriff mehr und mehr. Vor dem Kriege erinnerte bei den genannten Manufakturgewerken nur noch die genaue Bestimmung der Branche daran.[1])

C. Die Repräsentation der Einwohner bei der Kommunalverwaltung.

So lange der Staat in der Verwaltung den Untertanen keine Teilnahme gestattete, sondern alles auch das kleinste nach seinem absoluten Willen prägte, konnte dem Bürger kein Recht zur Selbstregulierung seiner Verhältnisse eingeräumt werden, und der Magistrat regierte, allein verantwortlich der Kriegs- und Domänenkammer, ohne jeden Einspruch der Stadtbevölkerung. Es gab allerdings Repräsentanten, die aus der Gross- und Kleinbürgerschaft[2]) hervorgingen, sie waren aber nur noch Mittelspersonen im Verkehr des Magistrats mit der Bürgerschaft. Sie übermittelten im Sinne des Landrechts[3]) den Zunft- und Gewerkseltermännern die vom Rathause ergangenen Publikationen, wurden zur Vermessung städtischer Gründe und zur Schätzung abgebrannter Besitzungen hinzugezogen, revidierten im Auftrage des Stadtoberhauptes die Feueranstalten und hatten zu der in jedem Jahre kurz vor dem Weihnachtsfeste abgehaltenen „Convocation" zu erscheinen, wo ihnen sämtliche von Stadt und Staat ergangenen Verordnungen noch einmal zur Einsicht vorgelegt wurden und ihr „Sprecher" auf die Anrede des Magistratsvertreters, der einen Rückblick auf die Ereignisse des Jahres gab, mit überschwenglichen Worten unter Segenswünschen und Danksagungen für die glorreiche Verwaltung, erwiderte.[4]) Zwar wandte sich der Oberbürgermeister

---

1) K. Stdt. A. A, 55, Fabriksachen, Generalia, Nr. 2, vol. 1.
2) Der Adel, die Eximierten und die Schutzverwandten standen mit der Kommunalverwaltung in keiner Beziehung.
3) Teil II, Tit. 8, § 111.
4) Siehe darüber K. St. A. Regierungskommunal-Registratur, Spec. 20, Tit. 31, Nr. 2 und K. Stdt. A. A, 247, Acta betr. die jährlichen Konvokationen der Bürgerschaft beim Jahresschluss (1785—1809). Der Anfang der Erwiderung bei der Konvokation 1804 lautete: „Bald gehet es dahin, dieses beinahe verlebte Jahr; hin wallt es zum Meere der Ewigkeit. Mit ihm fliesst dahin jeder schmerzlich erpresste Seufzer, jede still verweinte Zähre. Wir

zuweilen an die Gemeindevertreter und liess sie bei Abstellung von Missbräuchen die ersten Vorschläge machen; jedoch war die Erlaubnis, Initiativanträge zu stellen, vom Magistrat abhängig, der sie geflissentlich nur dann gab, wenn er eine Einrichtung populär zu machen suchte.

Die Transaktion vom 20. Februar 1620 hatte den Vertretern der Bürgerschaft nebst dem Gericht in den städtischen Rathäusern das Antragsrecht und das votum consultativum bei allen Mängeln und Beschwerden zugestanden,[1]) und es war ihnen durch ein geschlossenes Auftreten in der „Sprechstube"[2]) die Möglichkeit gegeben, auf die „Verabschiedung" der Vorlagen durch die Räte einen nicht zu unterschätzenden Einfluss auszuüben. Diesen Rechten der Gemeindevertreter fügte das kurfürstliche Reskript vom 25. Januar 1681[3]) noch hinzu: „dass es Zünften und Gewerken nicht verweigert werden könne, durch ihre Deputate bei Untersuchungen der Intraden und Schulden des hiesigen Stadtwesens dabey zu erscheinen und zu sehen, wie mit gemeiner Städte Mittel umgegangen werde." Diese Bestimmung wurde auch in das rathäusliche Reglement von 1724[4]) übernommen, das den Viertel und Älterleuten vor dem „placet" der Kammer das Recht erteilte, am Schlusse des Etatsjahres die Rechnungen mit sämtlichen Belegen sich vorlegen zu lassen „ad videndum et monendum" und nach vierzehntägiger Frist mit den notwendigen „monitis" zurückzuliefern. Indessen die Stärkung der staatlichen Autorität auf Kosten der kommunalen Selbstverwaltung und die geforderte unbe-

---

stehen, Freunde, am Rande des durchlebten Jahres. Zurück denkt die empfindungsvolle Seele, wägt Leiden und Freuden und die Entscheidung sagt, dieses Jahr war glücklich." Der Schluss lautet: „Heil in dem künftigen Jahr allen Einwohnern Königsbergs. Heil der Stadt, Heil den Mauern, wo Friede und Gerechtigkeit, wo Menschenliebe und Tätigkeit sich umarmen. wo kein Kummer Seufzer erpresst und wo die Stimme erschallet: Gesegnet sei Königsberg" (K. St. A. Kaufm. Arch. B, Nr. 5, vol. 1).

1) Transaktion zwischen den Räten und den Zünften vom 20. 2. 1620, Art. 6. Vgl. Conrad in der Altpreuss. Monatsschrift 24, 9.

2) Sie befand sich im Altstädtischen Rathause und wurde später dem Königlichen Braukollegium eingeräumt. In ihr pflegten sich die Vertreter des Gerichts, der Kaufleute und Mälzenbräuer und die Gemeindeältesten zu besprechen.

3) K. St. A. Etatsm. 78 i, Conrad (Rats- und Gerichtsverfassung, 12 und Anm.) scheint das Reskript nicht gekannt zu haben, sonst wäre er wohl zu einer andern Ansicht in Bezug auf das Kontrollrecht der Bürgervertreter 1722 gekommen.

4) Tit. III, § 3.

C. Die Repräsentation der Einwohner bei der Kommunalverwaltung.

dingte Subordination des Magistrats unter die Kriegs- und Domänenkammer gaben der Stadtverwaltung mehr und mehr den Charakter eines abhängigen königlichen Instituts[1]) und liessen das Interesse der Bürger für das Gemeinwesen entschlummern. Um die Mitte des Jahrhunderts hatte sich der Zustand herausgebildet, wie er bis zum Kriege anhielt. In dem Rathäuslichen Reglement von 1783 ist von einem Kontrollrecht der Bürgerschaft nichts mehr zu finden, und das Landrecht von 1794,[2]) das von einer Koadministration der Repräsentanten in Kämmereiangelegenheiten spricht und ihnen die Befugnis erteilte, vom Magistrat über Einziehung und Verwaltung der Einkünfte Nachweis und Erläuterung zu verlangen und bei Unregelmässigkeiten Anzeige zu erstatten, hatte auf Königsberg keine Anwendung gefunden. Entlastung und Revision lagen einzig in den Händen des Staates, der die Kontrolle durch die Kriegs- und Domänenkammer und die Revision durch die Berliner Oberrechnungskammer ausübte.[3]) Das Prinzip des Misstrauens, das die Stadtbeamten zu willfährigen Dienern der Kammer machte, hatte nicht nur die Verbindung zwischen Magistrat und Bürgerschaft zerrissen, sondern bei den traurigen Folgen des mangelnden Gemeinsinnes und der Geringschätzung des Bürgerstandes die Repräsentanten der Bevölkerung zu blossen Schatten gemacht, unter denen Eigennutz, Zwiespalt und Einseitigkeit herrschend war.[4])

Die Repräsentanten setzten sich zusammen aus den Deputierten der Grossbürgerzünfte, den Gemeindeältesten und dem „Sprecher", einem Mitgliede des Magistrats. Es waren nur Gross- und Kleinbürger vertreten, und da sie niemals, wie das Landrecht vorschrieb,[5]) mit allen Klassen der Stadtbevölkerung Rücksprache nahmen, sondern sich nur als Bevollmächtigte der Zünfte und Gewerke betrachteten, so wurden ihre Handlungen oft als nicht verbindlich für alle Einwohner erklärt. Die Frage wurde aktuell bei Eröffnung des Landtages am 27. Mai 1798, wo die Ältesten und Zunftvertreter eine „Huldigungsdonatio"[6]) von 30 000 Gulden für Königsberg bewilligten. Da diese Schenkung von vielen nicht anerkannt wurde, erklärte die

---

1) Siehe im Entw. zur Städte-Ordnung von Stadtrat Frey 1808, K. St. A. Oberpräsidial-Registratur, Abt. IV, II, Nr. 325.
2) Teil II, Tit. 8, § 147 f.
3) Rathäusl. Reglement von 1783, Sekt. II, § 9.
4) Entwurf zu einer Städte-Ordnung von Frey. 1808.
5) Teil II, Tit. 8, § 112.
6) Am 16. XI. 1797 hatte Friedrich Wilhelm III. den Thron bestiegen.

Justizdeputation der Kriegs- und Domänenkammer am 20. November 1801, dass sie zu Recht bestände, „da sie von den Repräsentanten der Stadt gemacht worden wäre.[1])

Was die Wahl und Bestallung der Gemeindevertreter angeht, so haben sich die Einzelheiten ebenfalls erst nach 1620 im Laufe des 17. und 18. Jahrhunderts entwickelt.

Die Grossgilden „kürten" alljährlich 6 „Deputati", drei aus den Reihen der Kaufleute und drei von den Mälzenbräuern; in der Regel waren es die Eltermänner, die diese Verpflichtung als Ehrenamt ausübten. Bei der in jenen Zeiten selbstverständlichen Interessenlosigkeit in Gemeinwesensangelegenheiten legten sie kein allzugrosses Gewicht auf diese Tätigkeit; die Berichte, welche die „deputati" ihren Gildebrüdern in den Junkerhöfen über ihre Leistungen zum allgemeinen Wohle abstatteten, fielen meist sehr kläglich aus. Trotzdem war ihr Einfluss auf die Entschlüsse des Magistrats immer noch grösser als der der kleinbürgerlichen Deputation, aber sie verdankten ihn mehr ihren in der städtischen und königlichen Verwaltung sitzenden Zunftmitgliedern als ihrer Wirksamkeit als Stadtverordnete.

Die Gesamtheit der Kleinbürger wurde durch die Gemeindeältesten, deren es in den Städten und Freiheiten 11 gab,[2]) vertreten; je einer in der Altstadt, im Kneiphof und im Löbenicht, auf dem Weidendamm, in den Vorstädten, auf dem Tragheim, Sackheim, Vorderrossgarten, Äusseren Rossgarten, der Burgfreiheit und der Neuen Sorge. Dazu kam noch einige Zeit als zwölfter ein Vertreter des Haberbergs, der den Titel „Schulze" führte, dessen Posten aber in den Jahren vor dem Kriege nicht mehr besetzt wurde.[3]) Sie wurden auf Lebenszeit von den Bürgern des betreffenden Bezirks in Anwesenheit eines Magistratsmitgliedes gewählt. Sobald eine Vakanz eintrat, berief der Gemeindeälteste des benachbarten Bezirks die Bürger, mit Ausnahme der Eximierten, der Kaufleute und Mälzenbräuer, zur Wahl, doch kamen in der Regel nie mehr als 10 bis 20 Meister zusammen.[4]) Der „Deputierte vom Rathaus" forderte zur „Kür" eines tüchtigen Mannes auf und liess jeden Anwesenden drei Kandidaten nennen; darauf fand zwischen den drei Kandidaten, welche die „plu-

---

1) K. St. A. Kaufm. Arch. F, Nr. 8, vol. 1.
2) Baczko, Königsberg 1804, 231; Leonhardi 1, 465; Flögel, Heft 4, 30.
3) R. R. 308, Gemeindesachen, Generalia, Nr. 14.
4) Bei der Wahl 1787 waren nur die Elterleute des Kürschner- und Hutmachergewerks zugegen. Bericht vom 29. 6. 1787 in R. R. 307, Gemeindesachen, Nr. 7.

C. Die Repräsentation der Einwohner bei der Kommunalverwaltung.

ralitas votorum" hatten, eine Stichwahl statt. Die Vereidigung nahm das Magistratskollegium vor, das darüber eine Bescheinigung ausstellte.[1])

Dieses Verfahren wurde bei den städtischen und freiheitschen Gemeindeältesten beobachtet, wenigstens bei den letzteren sicher seit der Mitte des 18. Jahrhunderts während die Stadt mit ihrer Bestallung im 17. Jahrhundert nichts zu tun hatte.[2])

Die Ältesten beriefen die Bürger ihres Bezirks zu den Sitzungen durch einen aus eigener Tasche bezahlten „Verbotter" in einen der Gemeindegärten.[3]) Ihnen zur Seite standen die „Gemeindeältestenassistenten" in der Regel zwei, die ebenfalls gewählt wurden und als ihre Vertreter die gleichen Befugnisse hatten.[4]) Für die ihnen insbesondere durch die Versäumnis des Handwerks erwachsenden Kosten erhielten die Ältesten eine kleine Entschädigung, von der sie ihren Assistenten nach Belieben abgaben. Diese „Gratifikation", mit deren Zahlung es freilich mehrfach haperte, sollte von den Gewerken aufgebracht werden. Auf die Anordnung der Kammer vom 8. September 1748 beschloss der Magistrat am 14. März 1749, dass von nun ab die Gewerke eine bestimmte Summe für die Ältesten geben sollten.[5]) Danach sollte das kombinierte Fleischergewerk und die Fest-

---

1) R. R. 307, Gemeindesachen, Nr. 5 und Nr. 7.

2) Schon 1727 ernannte der Magistrat einen Goldschmied zum Gemeindeältesten der Burgfreiheit. Dann aber scheint bisweilen auf den Freiheiten die Kammer sie eingesetzt zu haben. K. Stdt. A. A, 84, Gemeindesachen, Nr. 2.

3) Der Altstädtische und der Kneiphöfische Gemeindegarten waren Eigentum der Gewerke, die „fundatores, administratores und conservatores" waren. Sie brauchten nur die Revision der Rechnungen anzuzeigen, die von 1783—1802 vom Oberbürgermeisterlichen Amte vorgenommen wurden. Nach der Verordnung der Domänenkammer vom 8. 6. 1802 musste der Magistrat sie übernehmen, der auch die Ökonomie der Gärten verpachtete (R. R. 307, Gemeindesachen, Nr. 7). Der Löbenichtsche Gemeindegarten war von der Stadt gegründet worden, er diente auch den Grossbürgern zu Zusammenkünften, an der Administration war der Magistrat direkt beteiligt. (R. R. 310, Gemeindesachen, Gemeindegarten, Nr. 2.) Über die Verwaltung der Gemeindegärten siehe Rhode, Schützengilde, 120 ff. und A, 84, Gemeindesachen, Gemeindeälteste, Nr. 2. Über den Altstädtischen Gemeindegarten siehe Erl. Preussen 2, 506; Charisius, 15; Faber, 47. Über den Kneiphöfischen siehe Charisius, 47; Faber, 84. Über den Löbenichtschen Erl. Preussen 4, 24; Faber, 94. Über die Pielkentafel (Knöchelspiel) siehe Faber, 49; Hennig, Wörterbuch, 185; Minden, Geschichte der Schützengilde zu Königsberg 1851, 9.

4) A, 84, Gemeindesachen, Gemeindeälteste, Nr. 2.

5) R. R. 560, Schützensachen, Nr. 3, vol. III. Vor 1748 zahlten die grössten Gewerke jährlich 3—4 Gulden, das sogen. kleine Kontingent, die

bäcker je 4 Gulden jährlich zahlen, die Häker 3 und die Schneider und Schuster 8 Gulden. Die übrigen Innungen, deren Mitgliederzahl zwischen 75—100 schwankte, waren auf 4 Gulden veranschlagt; Gilden mit 50—75 Meistern sollten 3 Gulden, mit 20—30 Mitgliedern 2 Gulden, solche mit geringerem „numerus" nur 1 Gulden entrichten. Die Vertreter der Freiheiten hatten daran keinen Anteil, da sie für die Einziehung der königlichen Gefälle und die Aufstellung der Servistabellen 4 Rtlr. erhielten.[1]) Am 15./18. März 1751 änderte die Kriegs- und Domänenkammer ihre Verfügung dahin, dass die „Freiheitschen" Gemeindeältesten nach Proportion von den eingegangenen Geldern erhalten sollten.[2])

Jedoch scheinen die Gewerke ihre Pflichten sehr saumselig erfüllt zu haben. In den sechziger Jahren war infolge der russischen Besetzung die Möglichkeit, von den Gilden Geld zu erhalten, so gering, dass die Gemeindeältesten sich gar nicht wegen ihrer Ansprüche meldeten. Eine Anzahl von Gewerken zahlte aus Obstruktion nichts, andere, weil sie so arm waren, dass sie das Geld nicht aufzubringen vermochten.[3]) Am 25. Februar 1760 befreite der Magistrat die ärmsten Innungen für immer von dieser Leistung. 1765 den 15. April regelte die Kammer nochmals die Angelegenheit, berechnete die einkommende Summe auf 176 Gulden jährlich und wollte jedem Gemeindeältesten 16 Gulden zugeteilt wissen. Trotz strenger Verweise durch die Kammer zahlten die Gewerke aber noch weiter sehr unregelmässig. 1802 musste einer der Repräsentanten bei dem Magistrat um seine Remuneration petitionieren, weil von den Zünften nichts zu erlangen war.[4]) Dieses Verhalten der Innungsmeister wirkte in einer Zeit, in der ein Amt ohne Vergütung eine Last war, nachteilig auf die Tätigkeit der Gemeindevertreter, so dass oft die Gewerkseltermänner die Publikationen des Rathauses erledigen mussten.[5]) Sie fertigten die von den Bürgern beantragten Memoriale

---

kleinen 6 Groschen bis 1 Gulden. Vor 1734 besassen die Gemeindeältesten sogar eine Lade, die 200 Gulden kostete und vom Altstädtischen Gemeindeältesten aufbewahrt wurde. K. Stdt. A. A, 84, Gemeindesachen, Gemeindeälteste, Nr. 2; Conrad, Rats- und Gerichtsverfassung, 9.

1) K. St. A. Regierungskommunal-Registratur, Spec. 20, Tit. 31, Nr. 2.
2) K. Stdt. A. A, 84, Gemeindesachen, Gemeindeälteste, Nr. 2; K. St. A. Regierungskommunal-Registratur, Spec. 20, Tit. 31, Nr. 2.
3) A, 83, Gemeindesachen, Gemeindeälteste, Nr. 3.
4) Siehe für das Vorhergehende K. Stdt. A. A, 69, Acta wegen der Gemeindeältesten, vol. II.
5) Bericht vom 10. Juni 1760 an die Kriegs- und Domänenkammer. K. Stdt. A. A, 69. Acta wegen der Gemeindeältesten, vol. II.

C. Die Repräsentation der Einwohner bei der Kommunalverwaltung. 117

an den Magistrat nicht an und konnten bisweilen nicht dazu gebracht werden, überhaupt eine Versammlung einzuberufen, sondern schienen es für ausreichend zu erachten, wenn sie in Kaffeelokalen und Schankhäusern ihren Bürgern das Notwendige mitteilten.[1])

Das Amt „des Sprechers", das seit dem 28. Januar 1783 ein vom Magistrat deputierter Stadtrat bekleidete, hatte nur noch eine historische Bedeutung. Er war an die Stelle des ehemaligen Schöppenmeisters vom Stadtgericht getreten, der im Nebenamt die Versammlung der Gemeindevertreter leitete. Nach der Transaktion vom 20. Februar 1620[2]) hatte der altstädtische Schöppenmeister den Beschluss der auf Antrag der Räte dreier Städte zur Beratung in Gemeindeangelegenheiten erschienenen Gerichtsvertreter, Zunftdeputierten und Gemeindeältesten herbeizuführen und ihn zur „Verabschiedung" den drei Rathäusern zu übermiteln.[3]) Das rathäusliche Reglement von 1724[4]) räumte dem Schöppenmeister als solchen im Stadtgericht noch eine wichtige Stellung ein, erwähnte aber nicht mehr seine Stellung als Bürgerrepräsentant. Als bei der Neuregulierung des Königsberger Gerichtswesens vom 29. April 1783 das Amt des Schöppenmeisters fortfiel, erklärte der letzte Schöppenmeister Justizrat Sommer,[5]) dass er als Bürgervertreter nichts mehr zu tun gehabt hätte, als den rathäuslichen Publikationen beizuwohnen, bei der jährlichen Konvokation die Erwiderungsrede an den Magistrat zu halten und bei Wahlen, an denen die Bürgerschaft beteiligt war,[6]) den Beschluss der Gewerke der Stadtverwaltung zu eröffnen. Diese formale Tätigkeit übertrug das rathäusliche Reglement vom 28. Juni 1783[7]) einem Stadtrat, der sie bis 1808 ausübte.

---

1) Bericht vom 1. Mai 1802 an die Kriegs- und Domänenkammer. Ebenda.
2) Art. 6.
3) Conrad, Rats- und Gerichtsverfassung, 5 und 197 ff.
4) Tit. II, § 2.
5) R. R. 566, Stadtgericht, Generalia, Nr. 2. Bericht des Stadtrats Arndt an den Magistrat vom 1. 9. 1783. Vgl. Rhode, Stadtverwaltung, 104.
6) Bei den Wahlen der Diakone an den städtischen Kirchen hatten die Grossbürger, das Stadtgericht und der Magistrat zusammen 4, die Kleinbürger 1 Stimme. Die Predigerstellen besetzte der Magistrat allein.
7) Sektion II, § 2.

Literatur.

Acta Borussica. Getreidehandelspolitik und Magazinverwaltung, Bd. 3.
Allgemeines Landrecht für die preuss. Staaten. Berlin 1804, 3, 4.
R. Armstedt: Geschichte der Königl. Haupt- und Residenzstadt Königsberg i. Pr. Stuttgart 1899.
Bartisius: Die Königsberger Brauereien und ihre Gerechtigkeiten (Preuss. Prov.-Blätter 1849, Bl. 7).
L. v. Baczko: Geschichte Preussens. Königsberg 1800, Bd. 6.
—: Versuch einer Geschichte und Beschreibung Königsbergs. Königsberg 1787.
—: Versuch einer Geschichte und Beschreibung Königsbergs in 7 Heften. 1787—1790.
—: Versuch einer Geschichte und Beschreibung Königsbergs. Königsberg 1804.
—: Jahrbücher der preussischen Monarchie. 1801.
—: Wochenblatt für den Bürger und Landmann. Königsberg 1795, Bd. 1.
Becker: Geschichte des II. Ostpr. Grenadier-Regiments Nr. 3. Berlin 1885. Teil 1.
Borowski: Beiträge zur neueren Geschichte der Juden in Preussen (Preussisches Archiv der Deutschen Gesellschaft 1790).
G. Conrad: Geschichte der Königsberger Obergerichte. Leipzig 1906.
—: Der erste Kämmerei- und Salarienetat der Stadt Königsberg (Altpreuss. Monatsschrift 1888, Bd. 25).
—: Das rathäusliche Reglement der Stadt Königsberg vom 13. Juni 1724. Königsberg.
—: Rat- und Gerichtsverfassung von 1722 (Altpreussische Monatsschrift 1887, Bd. 24).
—: Urkunden und Regesten aus den Dohnaschen Archiven über einige Königsberger Grundstücke und deren Gerechtigkeiten. 1553 bis 1725 (Altpreuss. Monatsschrift 1902, Bd. 39).
A. Charisius: Das alte Königsberg, eine ausführliche Beschreibung der 3 Städte Königsbergs sambt ihren Vorstädten und Freiheiten, wie sie anno 1644 beschaffen waren, von Kaspar Stein. Königsberg 1910.
Erläutertes Preussen, Bd. 4—5.
C. Faber: Die Haupt- und Residenzstadt Königsberg 1840.
H. Frischbier: Preussisches Wörterbuch. Berlin 1882/83.
—: Die Zünfte der Königsberger Junker im Kneiphof (Altpreuss. Monatsschrift 1880, Bd. 17).

O. Frommer: Anfänge und Entwicklung der Handelsgerichtsbarkeit in der Stadt Königsberg (Untersuchungen zur deutschen Staats- und Rechtsgeschichte, Heft 38. Breslau 1899).
J. F. Goldbeck: Vollständige Topographie des Königreichs Preussen. Königsberg und Leipzig 1785, Teil 1.
C. v. d. Goltz: Von Rossbach bis Jena und Auerstädt. 2. Aufl. Berlin 1906.
Hansische Geschichtsblätter 1890/91.
E. Hennig: Chronologische Übersicht der Denkwürdigkeiten, Begebenheiten, Todesfälle und milden Stiftungen in Preussen. Königsberg 1828.
G. C. Hennig: Preussisches Wörterbuch. Königsberg 1785.
G. Th. Hoffheinz: Eine Wanderung durch Königsberg vor 250 Jahren (Altpreuss. Monatsschrift 1868, Bd. 5).
J. G. Hoffmann: Das Interesse des Menschen und Bürgers bei den bestehenden Zunftverfassungen. Königsberg 1803.
A. Horn: Die Verwaltung Preussens seit der Säkularisation. Königsberg 1890.
Joh. Jacoby: Über die bürgerliche Stellung der Juden in Preussen (Preuss. Prov.-Blätter, Nr. 10, 1833).
H. Jolowicz: Geschichte der Juden in Königsberg i. Pr. Posen 1867.
G. M. Kletke: Mass- und Gewichtsordnung vom 7. August 1868 nebst der Eichordnung vom 16. Juli 1869. 2. Aufl. Berlin 1871.
Königsberger Stapelrecht. Königsberg 1791.
Königsberger Stadtbibliothek: Adressbuch der Kaufleute von 1790 in Königsberg.
Landrecht von 1721, Pars III, Lib. VI.
F. G. Leonhardi: Erdbeschreibung der preussischen Monarchie. Halle 1791. Bd. 1.
A. H. Lucanus: Preussens uralter und heutiger Zustand (herausgegeben von der Lit. Gesellsch. Masovia. Lötzen 1901. 2. Lief.).
Mannhardt: Die Wehrfreiheit der altpreussischen Mennoniten. Marienburg 1863.
H. Meier: Beiträge zur Handels- und politischen Geschichte Königsbergs (Preuss. Prov.-Blätter, Nr. 33, 1864).
L. Minden: Geschichte der Schützengilde zu Königsberg 1851.
M. Mendelsohn: G. D. Kypke's Aufsätze über jüdische Gebete und Festreden (Preuss. Archiv 1790).
Nelkenbrecher: Taschenbuch für Kaufleute. Verbessert von M. R. B. Gerhardt. Berlin 1803.
A. C. v. d. Ölsnitz: Geschichte des I. kgl. preuss. Infanterieregiments seit seiner Stiftung anno 1619 bis zur Gegenwart. Berlin 1855.
B. v. Poten: Das preussische Heer vor 100 Jahren (Beiträge zum Militärwochenblatt 1900, Heft 1).
H. Rachel: Handel und Handelsrecht von Königsberg i. Pr. im 16. bis 18. Jahrhundert (Forschungen zur Brand. und Preuss. Geschichte, Bd. 22. Leipzig 1909).
Randt: Die Mennoniten in Ostpreussen und Litauen bis zum Jahre 1772. Königsberg, Dissertation 1912.
Rangliste der Königl. Preussischen Armee von 1805, 1806.

P. Rhode: Königsberger Stadtverwaltung einst und jetzt. Königsberg 1908.
—: Die Königsberger Schützengilde in 550 Jahren. Königsberg 1902.
C. v. Rohrscheidt: Vom Zunftzwange zur Gewerbefreiheit. Berlin 1898.
Rönne und Simon: Die früheren und gegenwärtigen Verhältnisse der Juden in sämtl. Landesteilen des preuss. Staates. Breslau 1843.
Schaff: Das Justizwesen in Königsberg vor 100 Jahren (Königsberger Hartungsche Zeitung 1902, Nr. 55).
—: Königsbergs städtische Verwaltung vor 100 Jahren (Königsberger Hartungsche Zeitung 1902, Nr. 17).
G. Schmoller: Das Brandenburg-Preussische Innungswesen von 1640 bis 1806. (Forschungen zur Brandenb. und Preuss. Geschichte. Berlin 1888, Bd. 1.)
—: Grundriss der allgemeinen Volkswirtschaftslehre. Leipzig 1904, Teil 2.
—: Städtewesen unter Friedrich Wilhelm I. (Zeitschrift für preuss. Geschichte und Landeskunde. Jahrgang 10—12. Berlin 1873 bis 1875.)
F. J. Schneider: Th. G. v. Hippel. Prag 1911.
—: Th. G. v. Hippel als dirigierender Bürgermeister von Königsberg. (Altpreuss. Monatsschrift Bd. 47.)
F. W. Schubert: Zur 600jährigen Jubelfeier der Stadt Königsberg. Königsberg 1855.
J. Sembritzki: Geschichte der königl. preuss. See- und Handelsstadt Memel. Memel 1900.
A. Seraphim: Das Königsberger rathäusliche Reglement von 1783. (Altpreuss. Monatsschrift 1912, Bd. 49.)
Taschenbuch von Königsberg. Königsberg 1829.
Tesdorpf: Die Königsberger Bernsteindreherzünfte. (Sitzungsberichte der Prussia 1887/88. Bd. 44.)
Toeppen: Komparative Geographie von Preussen. Gotha 1858.
Weiss: Über das Zunftwesen. Preisschrift. Frankfurt a. M. 1798.
Wetzel: System des ordentlichen Zivilprozesses. 2. Aufl.
K. F. Wilhelmi: Kurze Abhandlung über das Recht der Handwerker. Königsberg 1750.

Akten
I. des Berliner Geheimen Staatsarchivs.
1. Generaldirektorium. Ostpreussen und Litauen. Städtesachen Tit. 12.
2. Generaldirektorium. Ostpreussen. Städtesachen. Königsberg. Stadtgericht Nr. 5.
3. Generaldirektorium. Ostpreussen. Städtesachen. Königsberg. Polizeisachen.

II. des Königlichen Staatsarchivs zu Königsberg i. Pr.
a) Etatsministerium:
C, 2; H, 81a; K, 71,3: K, 74a; K, 78a; K, 78b; K, 79; S, 132i.
b) Oberlandesgerichts-Registratur:
Nr. 47 F 937 (K. 118); Nr. 48 F 937 (K. 119); Nr. 49 F 937 (K. 118); Nr. 49 F 991 (K 128); Nr. 69 F 981 (K 135).

Akten.

c) Oberpräsidial-Registratur:
Abt. 4. I. Nr. 109, a, b; Abt. 4. Nr. 113; Abt. 4. II. Nr. 325.

d) Regierungskommunal-Registratur:
Spec. 20. Tit. 2. Nr. 4.
„   „ Tit. 14. Nr. 2.
„   „ Tit. 16. Nr. 3.
„   „ Tit. 31. Nr. 2.
„   „ Tit. 31. Nr. 4.

e) Regierungsgewerbe-Registratur:
Spec. 20. Tit. 3. Nr. 1; Nr. 4; Nr. 8; Nr. 9 a.
„   „ Tit. 4. A. a. Nr. 5.
„   „ Tit. 4. B. a. Nr. 7; Nr. 8; Nr. 11.
„   „ Tit. 4 b. Nr. 1.
„   „ Tit. 4 b. Litt. B. Nr. 1.
„   „ Tit. 4 b. Litt. G. Nr. 1.

f) Acta des Kaufmännischen Archivs:
Litt. B. Nr. 5. Vol. I; Nr. 10. Vol. I; Nr. 11. Vol. I; Nr. 27 Vol. I; Nr. 38. Vol. I; Nr. 52. Vol. I; Nr. 63. Vol. I; Nr. 64. Vol. I; Nr. 65. Vol. I.
Litt. G. Nr. 24. Vol. II; Nr. 26. Vol. I—II.
Litt. H. Nr. 18; Nr. 22.
Litt. I. Nr. 20 Nr. 21; Nr. 23; Nr. 24; Nr. 26. Vol. II; Nr. 28; Nr. 34.
Litt. K. Nr. 19. Vol. I.
Litt. L. Nr. 19. Vol. I.
Litt. M. Nr. 35.
Litt. P. Nr. 24.
Litt. V. Nr. 1; Nr. 29. Vol. II.
Sonstige Bestände. Nr. 15, 16, 17, 22, 23, 24, 27.

g) Ediktensammlung.
Nr. 1774.

III. des Vorsteheramts der Kaufmannschaft in der Börse:
Litt. B. Nr. 27. Vol. I.

IV. des Stadtarchivs zu Königsberg i. Pr.
A. 20. Brausachen Nr. 17.
A. 22. Den Aufkauf der Mälzenbräuerhäuser betreffend 1806—11.
A. 22. Das Gesuch der Mälzenbräuerzünfte, das Privilegium des Mälzenbräuers Kadgiehn wegen der Verfertigung des Weissbieres, Breyhahn genannt.
A. 23. Brausachen Nr. 17; Nr. 19.
A. 25. Das Gesuch der Mälzenbräuerzünfte, die Steigerung des Gersten- und Hopfenpreises betreffend. 1784—1801.
A. 25. Die Anfertigung des Taschenbuchs, betreffend Nr. 1; 12, 21, 23—29.
A. 26. Die für das von hier nach Pillau gehende Bier aufgehobene Accisebonifikation betreffend. 1809—10.
A. 26. Die Reissgelder der Mälzenbräuerzünfte betreffend. 1808—12.
A. 27. Die Revision der Mälzenbräuerhausauskaufskassenrechnungen betreffend.

A. 29. Das Brauwesen betreffend 1786—1849.
A. 29. Die Aufhebung des Braukollegiums betreffend 1809—23.
A. 29. Die Bierschankszwangspflicht der Krüge und Gasthäuser ausserhalb Königsbergs betreffend 1798—1813.
A. 29. Das Brauen an Sonn- und Feiertagen betreffend.
A. 31. Wegen der von der Seehandlungskompagnie zur Kämmereikasse zu zahlenden Abgaben 1779—1828.
A. 32. Die zur Kämmereikasse fliessenden Gefälle betreffend 1811—28.
A. 34. Colonistensachen Nr. 3.
A. 55. Fabriksachen, Generalia Nr. 2.
A. 55. Fabrikensachen, Fabrikengericht Nr. 1.
A. 73. Gewerbesachen, Generalia Nr. 9; Nr. 10.
A. 77. Gewerbesachen, Generalia Nr. 23.
A. 80. Gewerbesachen, Generalia Nr. 22.
A. 81. Gewerbesachen, Generalia Nr. 19; Nr. 25.
A. 81. Gewerbesachen. Bernsteinarbeiter Nr. 4—5.
A. 83. Gewerbesachen, Generalia Nr. 12.
A. 83. Gewerbesachen, Kaufleute Nr. 2.
A. 83. Gemeindesachen, Gemeindeälteste Nr. 3.
A. 84. Brausachen Nr. 1; Nr. 6; Nr. 11; Nr. 33.
A. 84. Gemeindesachen, Gemeindeälteste Nr. 2.
A. 92. Handlungssachen, Nr. 13; Nr. 14; Nr. 15; Nr. 16; Nr. 17; Nr. 92.
A. 93. Handlungssachen, Braksachen Nr. 3.
A. 94. Handlungssachen, Generalia Nr. 40.
A. 99. Handlungssachen, Generalia Nr. 2; Nr. 40.
A. 100. Handlungssachen, Generalia Nr. 12.
A. 178. Mennonitensachen Nr. 4; Nr. 5.
A. 182. Mäklersachen Nr. 12.
A. 247. Bürgersachen Nr. 3.
A. 247. Die Vereidigung der Bürger und Schutzverwandten betreffend 1733—42.
A. 247. Die Gerechtsame der Grossbürger und deren Unterschied von den Kleinbürgern betreffend.
A. 247. Die öffentlichen Abgaben betreffend 1725—32.
A. 247. Die jährlichen Convokationen betreffend 1785—1809.
A. 252. Das Bürgerbuch 1796—1809.
A. 261. Magistratssachen, Patronenamt Nr. 2.
A. 301. Die Feuerordnung im Jahre 1770, 1774—76.

V. der Reponierten Registratur des Magistrats.

R. R. 7. Bürgersachen Nr. 12. Vol. III.
R. R. 18. Bürgersachen Nr. 2; Nr. 5.
R. R. 44. Junkerhöfe Nr. 1; Nr. 5.
R. R. 203. Kämmereisachen Nr. 44.
R. R. 203. Kämmereikassensachen, Generalia Nr. 77.
R. R. 205. Kämmereikassensachen, Hausvogteisachen Nr. 24.
R. R. 277. Feuerlöschanstalten, Generalia Nr. 34.
R. R. 281. Feuerlöschanstalten Nr. 28.
R. R. 307. Gemeindesachen Nr. 7.
R. R. 308. Gemeindesachen, Generalia Nr. 8.

Akten.

R. R. 310. Gemeindesachen, Gemeingarten Nr. 2.
. R. 318. Polizeisachen.
R. R. 324. Handelssachen, Belehnte, Generalia Nr. 2; Nr. 9; Nr. 12.
R. R. 327. Belehnte, Unterbelehnte Nr. 12.
R. R. 328. Unterbelehnte Nr. 31.
R. R. 330. Mäklersachen Nr. 4.
R. R. 347. Salzsachen Nr. 11; Nr. 12.
R. R. 366. Herrenhuter Nr. 1.
R. R. 371. Judensachen Nr. 5; Nr. 7: Nr. 9; Nr. 11, Nr. 16.
R. R. 372. Jurisdiktionssachen Nr. 2; Nr. 3; Nr. 4.
R. R. 373. Justizsachen Nr. 2.
R. R. 480. Kämmereisachen, Generalia Nr. 1; Nr. 2.
R. R. 529. Polizeisachen Gen. Nr. 1.
R. R. 538. Mennonitensachen Nr. 1.
R. R. 560. Schützensachen Nr. 3.
R. R. 566. Stadtgericht, Generalia Nr. 2.
R. R. 567. Stadtgericht, Generalia Nr. 15.
R. R. 571. Stadtsachen Nr. 2.
R. R. 711. Stapelrechtssachen Nr. 2.

Printed by Libri Plureos GmbH
in Hamburg, Germany